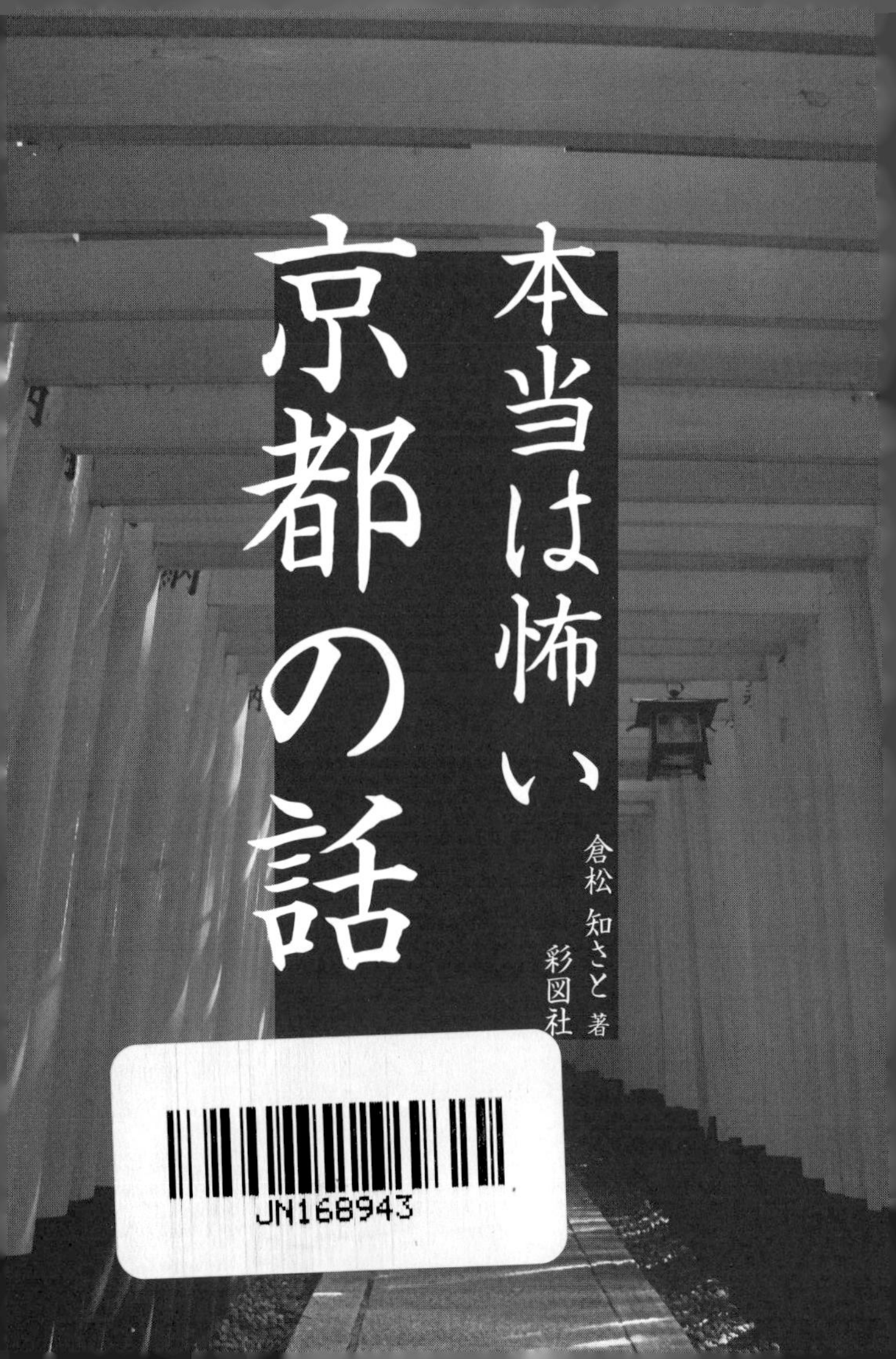

本当は怖い京都の話

倉松知さと 著

彩図社

はじめに

「日本に、京都があってよかった。」

そんな広告コピーがあるくらい、京都は日本中から愛されている都市だ。今や、年間約5000万人にも及ぶ観光客がこの街を訪れるが、そのお目当ては様々。

清水寺をはじめとする、世界文化遺産に登録された神社仏閣、祇園祭や大文字五山の送り火など京都の年中行事の数々。また、舞妓さんが歩く祇園の石畳の風景や、繊細で美しい京料理や京菓子のグルメ、西陣織や友禅染めなどの伝統工芸。修学旅行で訪れた方も多いことだろう。

しかし、である。

表面を楽しんだだけでは、京都の真の魅力は表れてこない。

京都の歴史、それも影の部分を紐解くことで、ガイドブックでは見られない雅の都のもうひとつの顔が明らかになる。

例えば、京都で最も多くの観光客が訪れる世界遺産の清水寺。観光客が決まって記念撮影に興じる「清水の舞台」は、実は日本有数の飛び降り現場だったのだ。赤穂浪士の吉良邸討ち入り、実は「吉良を討つ！」と決めたのは江戸ではなくここ京都だった。１００１体の仏像が静かに微笑む三十三間堂では仏様の後ろで、江戸時代に一昼夜、６秒ごとに矢を射続けるサムライたちが壮絶な争いを続けていた。

考えてみれば、京都は１２００年もの間、日本の首都、大都会だったのだ。殺人事件だってたくさん起こるし、熾烈な政治抗争で敗れた者の怨念もそこら中に渦巻いている。古戦場に処刑場、歴史的事件の現場が所狭しと散らばっているのだ。本書では、京都歩きの際、つい忘れがちな歴史の闇や、不思議な伝説などを４つの分野にわたって語り尽くした。

第一章「あの有名観光地の怖い話」では、京都の定番観光地にまつわる知られざる逸話を紹介する。第二章「その時、京都で歴史が動いた」では、歴史を動かした京都の現場をお伝えし、第三章「千年の都の不思議な住人たち」では、物の怪や陰陽師など都に伝わる不思議なエピソードを、第四章「本当に怖い京都の話」では、雅の都の裏側にある情念の恐ろしさを紹介した。ぜひ行った事のある所、興味のある人物など、お好きな所から読み始めてもらいたい。

そして、この本を読んだ後、また京都に行って、今度は地中深くの宝物を掘り当てるように、この地に何層にも重なった歴史の魅力に想いを馳せ、その隠れた魅力を、自らの手で掘り出したいと感じてもらえれば幸いである。

本著で紹介した観光スポット

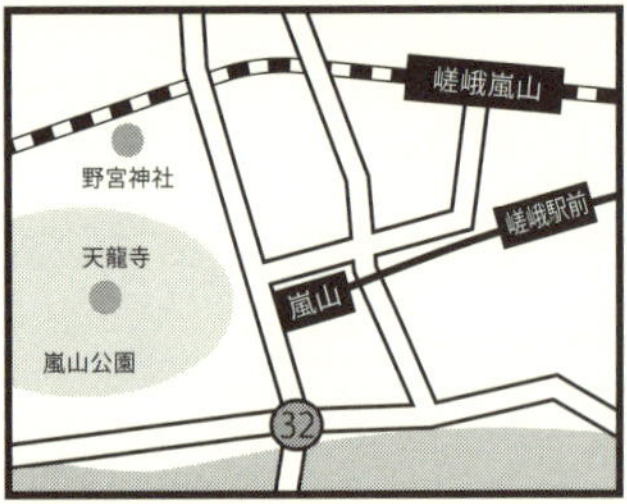

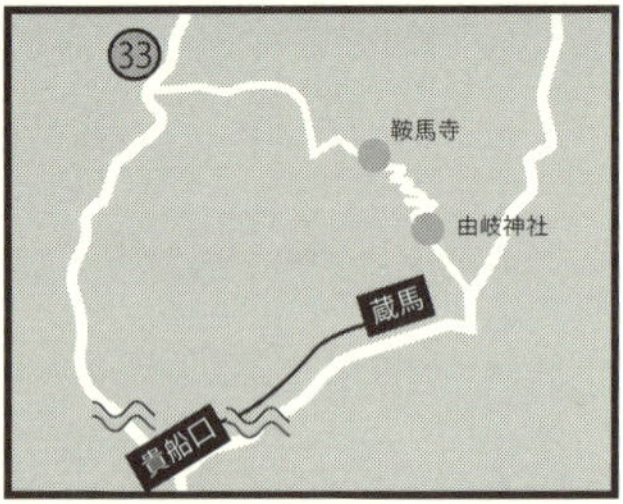

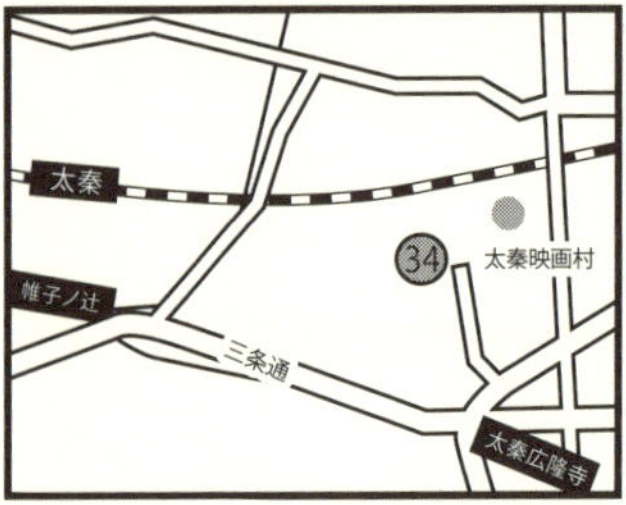

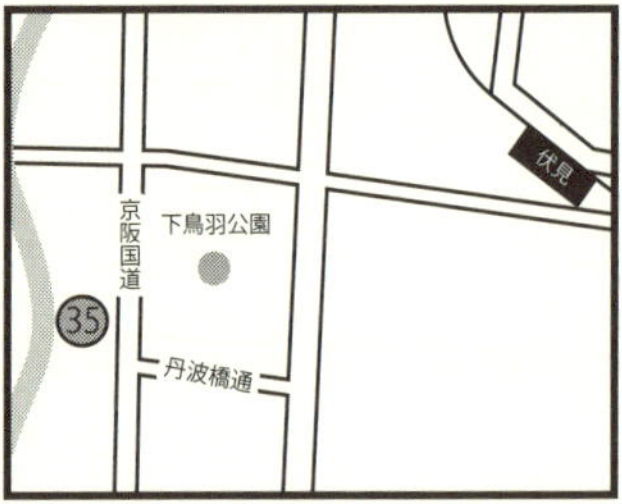

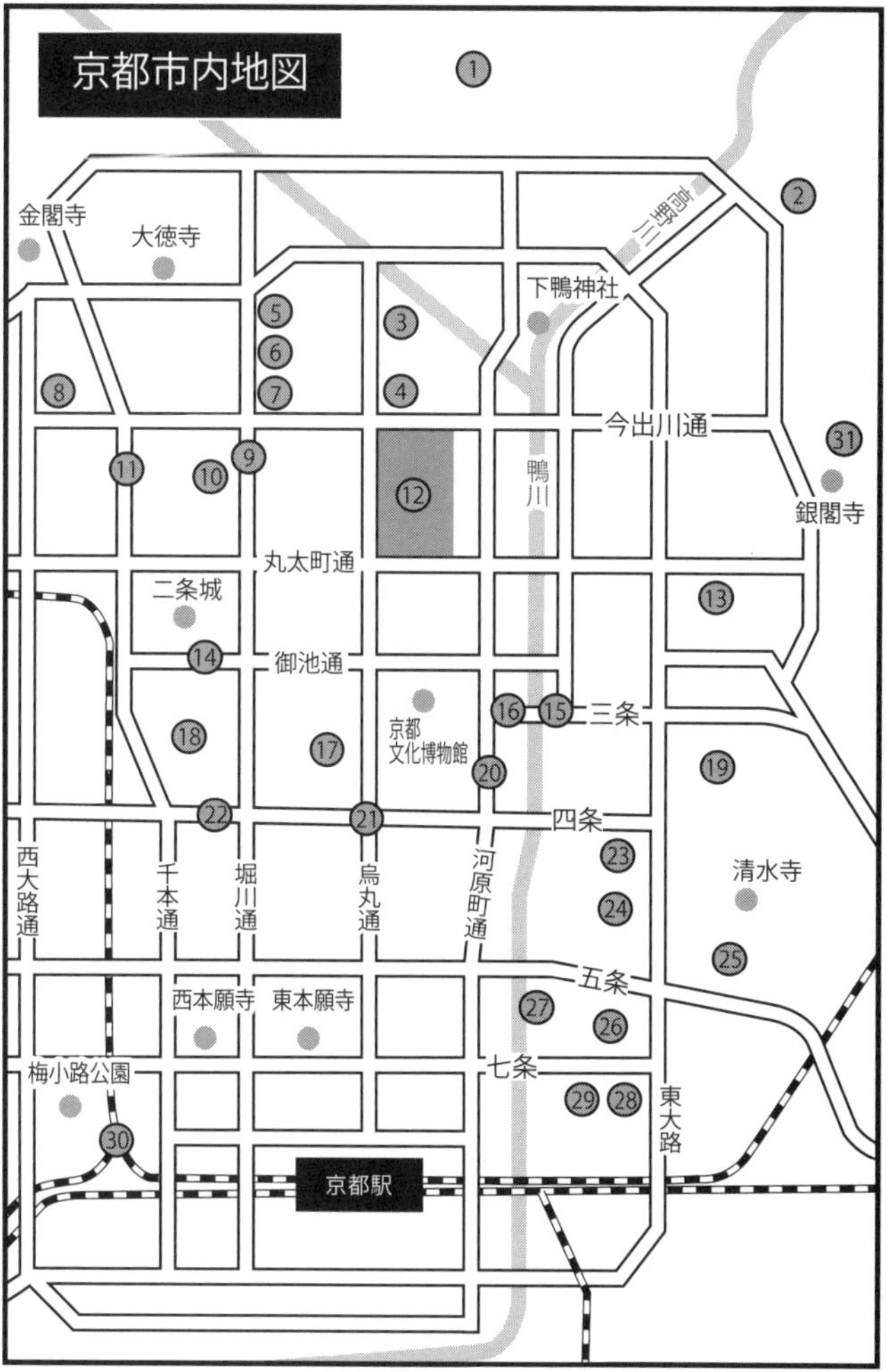
京都市内地図
高野川
金閣寺
大徳寺
下鴨神社
今出川通
鴨川
銀閣寺
丸太町通
二条城
御池通
京都
文化博物館
三条
四条
西大路通
千本通
堀川通
烏丸通
河原町通
清水寺
五条
西本願寺
東本願寺
七条
梅小路公園
東大路
京都駅

※本書は地名など当時の表記を尊重して記載しています

本当は怖い京都の話　目次

第二章 その時、京都で歴史が動いた 91

第三章 千年の都の不思議な住人たち 145

第一章　あの有名観光地の怖い話

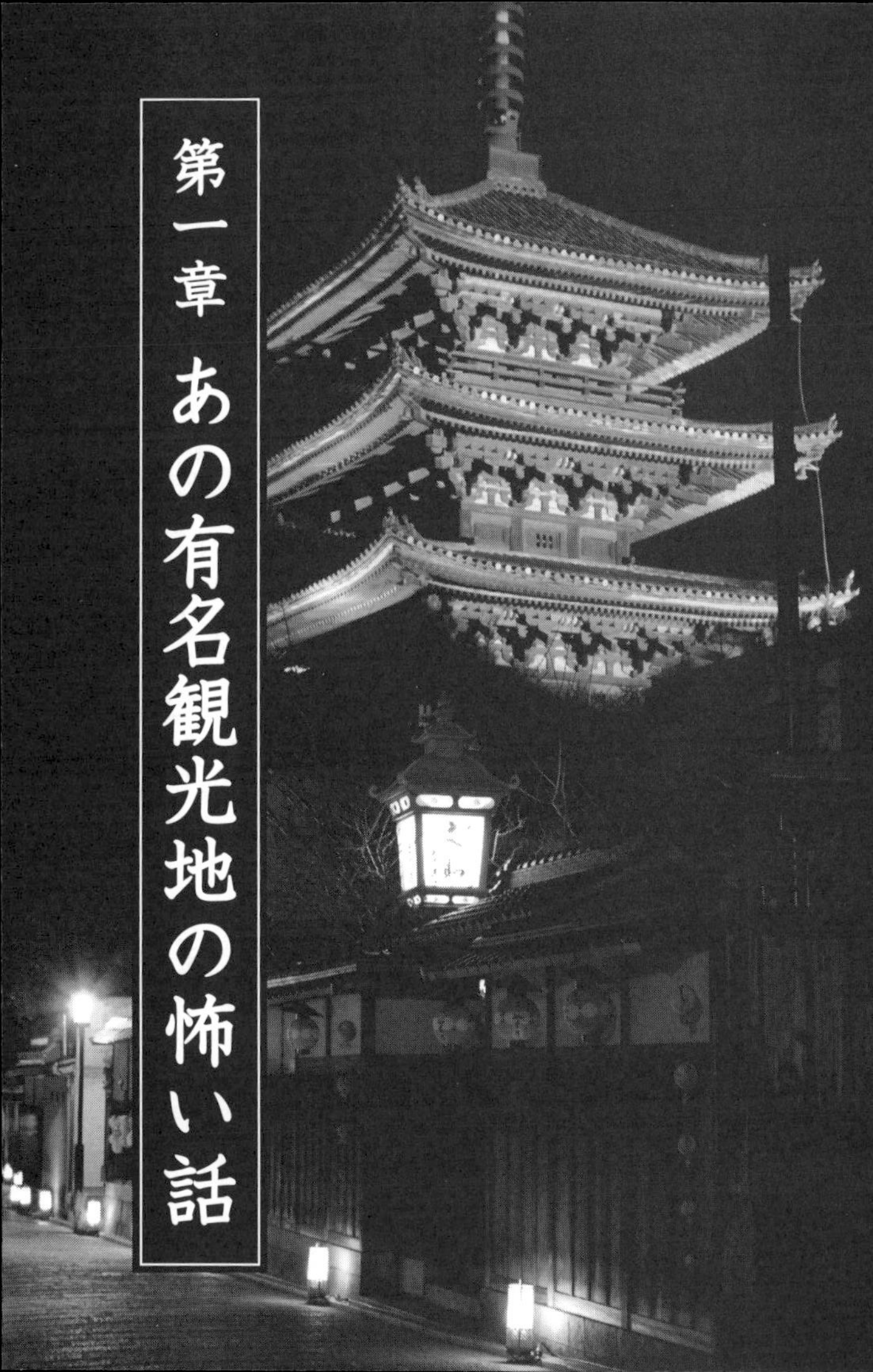

1 清水の舞台から飛び降りた人々

【世界遺産はなぜ飛び降りの名所だったのか】

●実は飛び降りの名所

修学旅行で京都を訪れたら、必ずコースに入っているのが東山区の清水寺《きよみずでら》だ。文化財としてユネスコの世界遺産に登録されており、観光地別の年間訪問者数でも府内で不動の一位を誇る。

なかでも、有名なのが「清水の舞台から飛び降りる」ということわざで知られる「清水の舞台」だ。最近は、年末に行われる「今年の漢字」を発表する場としても使われている。

京都観光の代表的なスポットとして、誰もが思い浮かべる清水の舞台。京都旅行者にとっては思い出の場所。しかし、この舞台から分かっているだけで２００人以上が飛び降りていたことを、あなたはご存知だろうか？　皆が楽しそうに記念写真を撮っているその場所は、実は日

東山区の清水寺にある「清水の舞台」。一年を通じて多くの観光客で賑わう

本有数の飛び降り現場だったのだ。

●意外にも高い生存率

実際に清水の舞台に立つと、見事に京都市内が一望できる。そこからは町並みからひょっこり突き出た京都タワーが目を引く。

舞台から身を乗り出して下を見ると、うっそうと生える木々の葉で、はっきりと地面は見えない。が、やはり「高い！」と感じるだろう。なにせ、高さは約12メートルもあり、ビル4階分にも相当する。戯れに飛び降りるような高さではない。

このような、多くの人が命を絶った場所で自分はのんきにピースして写真を撮っていたのか……と落ち込むことなかれ。意外にもその生存率は高かったようだ。

清水寺の公式ホームページによると、生存率は、なんと85％。落下の途中で樹木がクッションになったのか、はたまた清水寺のご本尊である観音様の温かいお慈悲なのだろうか……。

●なぜ飛び降りる？

そもそも、日本人はなぜこんなところから飛び降りるようになったのだろうか。清水の舞台からの飛び降りを記した古い書物に、13世紀前半に成立したという説話文学『宇治拾遺物語』がある。

ある時、清水寺で、検非違使《けびいし》の男が運悪く無頼の輩に取り囲まれた。逃げ場がなくなった彼は、観音様に命運を預け、えいやとばかりに清水の舞台から飛び降りたところ難を逃れたという。

こうした説話などから、「清水の舞台から飛び降りる」という言葉は、当初、「決死の覚悟で逃げる」というような意味合いがあった。しかし、江戸時代になると「観音様に願掛けして舞台から飛び降りれば命が助かり、願いが叶う」という信仰が広まり始める。飛び降りる者が増えるにつれ、「清水の舞台から飛び降りる」は、次第に思い切りの良さの例えとして使われるようになっていった。

「傘を差して飛び降りると恋が成就する」という迷信もあったようで、若い女性が傘を開いて飛び降りる情景は、当時の浮世絵や芝居などにもよく使われた。

つまり、彼らが飛び降りたのはこういった迷信を信じた、一種の「願掛け」だったのだ。

当然、この世に絶望して死んでしまいたいと思っている人ではなく、むしろ逆で、これから、叶えたい事がある人たちである。万が一、運悪く命を落としてしまったとしても、そこは清水寺の観音様のお膝元。安心して成仏させてもらえるのである。

鈴木春信の「清水の舞台より飛ぶ美人」

●「統計データ」も存在していた

この清水の舞台からの飛び降りを、詳細に記録し続けた史料がある。清水寺の塔頭《たっちゅう》である成就院に受け継がれる『御日記《おんにっき》』というものだ。清水寺山内で事故があれば、その対応と、奉行所への通報などを担当していたそうで、そこに清水の舞台から飛び降りた人達の記録が残されているのである。

江戸時代の元禄7（1694）年から明治5（1872）年までのうち、残念ながら、148年分しか確認はできないそうだが、飛び降り件数は、未遂も含めて235件もあったようだ。

うち1件は、同じ京都の女性が二度も飛び降りたため2件と数えているが、飛び降りようとした総人数は234人ということになる。

単純計算で一年に約1・6人、一年にひとりくらいは飛び降りていたということだ。しかし、年によって増減はあり、あの赤穂浪士たちによる吉良邸討ち入りの時分、『曾根崎心中』などが流行した元禄時代が最多のようで、飛び降りが7件という年もあったようだ。

飛び降りた人の内訳は男性の方が多く、男女比は7対3であった。また、意外にも10代の若者が半分以上を占めていた。それだけ当時、悩み多き若者がいたということなのか。ちなみに最年少は12歳。最年長は80歳であった。

飛び降りた人の出身地も判明している。やはり近いということもあり、地元京都の人が7割を超えたようだが、全国から人が集まる都だけあって、様々な出身地がみられるようだ。身分でいうと、武家や公家が飛び降りたという記録はなく、約7％のお坊さんの他、ほとんどが一般庶民だった。

●ついに出た、飛び降り禁止令

こうして、日常茶飯事とまでは言わないが、毎年起こるようなニュースであった飛び降りだったが、明治維新を経て、日本が文明開化の途上にあった明治5（1872）年、ついに「飛び降り禁止令」なるものが発令された。

8月、「清水寺観音に参籠し、結願《けちがん》の日に堂上から身投げすることが多く、清水寺および府管内にその取締りを厳重にする通達」というものが京都府から出されたのだ。

実は、清水寺は江戸時代から、奉行所に何度も「安全のための防止柵を設けて欲しい」とか、「人々に飛び降りないよう指導して欲しい」と陳情を行っていたようだが、明治の世になって、ようやく行政が動いたのであった。

こうして日本が近代国家となって以後は飛び降りは絶えたと思われたが、実は平成の世になってからも、これまで2件飛び降りの例があり、いずれも不幸にもお亡くなりになっている。

観音様の御利益はあるとはいえ、やはり大切な命。どうしても叶えたいお願い事があったとしても、ゆめゆめ飛び降りたりなさらぬように……。

2 【北野天満宮の由緒とは】深い深い学問の神様の恨み

●「うるさい」の語源は菅原道真？

修学旅行でお馴染みの上京区の北野天満宮。毎年受験シーズンともなると、境内は合格祈願のために訪れる受験生やその親たちで賑わいを見せる。ちょうど梅の香りが漂い始める頃だ。

なぜ、合格祈願をする人々がこぞって訪れるかというと、この神社のご祭神が、頭脳明晰で知られる平安時代の学者であり政治家の菅原道真《すがわらのみちざね》、通称・天神様だからである。

ピンと来ない方は、日本史で習った「白紙（894）に戻そう遣唐使」、すなわち寛平6（894）年に遣唐使廃止を唱えた人、と言えば思い出すのではないだろうか。

皆、彼のように賢くなりたいと願い、天満宮にお参りするわけだが、この菅原道真という人物には、実に様々なエピソードが残っている。その一つが、「うるさい」という言葉の語源。

「学問の神様」を祭神とする北野天満宮

「うるさい」とは、一説には「右流左死《うるさし》」から来ていると言われている。何が「右」に「流」れるのか？　また「左」が「死」ぬとは、物騒だ。

博識の道真と「うるさい」という言葉は全く結びつきそうにない。しかし、この不思議な四文字を解いていくことで、なぜ道真が、「神様」として祀られているのかが分かるのだ。

また、賢者としての憧れの対象だけではない、道真の違う一面を知ることになるだろう。

●波瀾万丈の人生

学者の家に生まれた道真は、幼い頃から学業に優れ、詩歌の才能も抜群だったという。若くして超難関試験にも合格し、歴史学や漢文学を教える立場となっていく。

菅原道真

そして、その才能は学問だけに留まらず、行政官の国司としても活躍の場を広げていく。道真は、やがて、当時の宇多天皇の目に留まり重用されることになった。

真面目で勤勉だった道真は、その後、国の要職を歴任し出世を続けた。

やがて宇多天皇が譲位し、次の醍醐天皇の御代になっても彼は起用され続け、とうとうあの藤原氏のトップ・藤原時平に次ぐ右大臣の地位まで出世した。学者から右大臣にまで出世するのは極めて異例で、他には奈良時代に孝謙天皇に仕えた吉備真備《きびのまきび》の例がある。

そして2年後、昌泰4（901）年、57歳の道真は公卿としてはほぼ最高位となる従二位という官位を授けられた。

出世街道を驀進《ばくしん》する道真を快く思わない人間は多かった。中でも、ライバルだった左大臣の藤原時平は、道真と何かと意見が対立し、関係は険悪になっていった。

そしてついに、時平の陰謀により、道真は京の都から遠く離れた九州の大宰府に流されることになってしまう。それは、道真が従二位の位を授かった約20日後であったという。一説には、時平は讒言《ざんげん》をもって道真を排除したと言われている。

政争に敗北し失脚した道真は、遠く大宰府の地でその不運を嘆きながら、2年後の延喜3（903）年2月25日、59歳で亡くなったのであった。

●怪奇現象が相次ぐ都

政敵・道真を追いやった藤原時平は政権を掌握。さぁ、これから……という時に、39歳の若さで急死してしまう。延喜9（909）年、道真の死の6年後であった。続いて、時平の讒言を鵜呑みにした醍醐天皇も病気がちとなる。これと呼応するかのように、都では大洪水や大火といった災いが続く。

道真の死後約40年の間に起こった不幸な出来事は、枚挙にいとまがない。

914年　左京で大火
915年　都に疱瘡《ほうそう》が蔓延する

917年　都で水不足、人々は干ばつに苦しむ
922年　咳病が都で大流行
923年　醍醐天皇の皇子、20歳で薨去（后は藤原時平の娘であった）

一連の不幸は道真の怨霊による祟りであるとされ、恐れた醍醐天皇は道真を右大臣に戻すだけではなく、官位も以前より高い正二位を贈った。また、昌泰4（901）年正月に出された道真左遷の詔書も破棄した。しかし災いの嵐が止むことはなかった。

925年　醍醐天皇の孫　薨去
930年　清涼殿落雷事件。宮中は落雷により建物が倒壊。大納言藤原清貫らが震死目撃した醍醐天皇は約3ヶ月間も体調を崩し、秋に崩御
938年　天慶の大地震発生。マグニチュード7であった

特に、宮中を襲った清涼殿落雷事件は、都の人々を恐怖に陥れた。そして、この現象は道真が「天神」「雷神」となって猛威を振るったのだと信じられるようになっていく。

北野天満宮が「学問の神様」であると同時に、「雷除け」のご利益があると言われているのは、これが起源である。

毎年6月1日には、北野天満宮で「雷除け」の神事が行われている。大正時代頃から電気工事関係者が工事の安全を願ったり、また、近年ではゴルファーや釣り愛好者らが、雷除け祈願に訪れるという。雷除けのお守りやお札も人気のアイテムとなっている。

●「右流左死」の意味

さてここで、はじめに示した不思議な四文字の答えを明かそう。もう気付いた方もいるかも知れないが、「右」、つまり右大臣であった菅原道真が「流」、大宰府に流された。一方「左」、左大臣であった藤原時平は、「死」、若くして死んだ、という意味なのだ。

都で続いた天変地異に、人々は「ああ右流左死《うるさし》」と嘆いたという。しかし、ここでいう「うるさし」は、現代用いる音に対しての「やかましい」という意味ではない。京都で続いた災いに「耳を塞ぎたい」「聞きたくない」という気持ちからとも言われている。

また、「うるさし」は、古くは「万事全て整った状態」をいい、さらに「完璧の度が過ぎて、かえって嫌味である」とか、反感を買う、敬遠されるという意味もあったのだ。まっすぐで清廉潔白、ある意味融通の利かない道真を煙たがった人は多かったのであろう。
あまりに完璧過ぎると敵を作ってしまうのは、いつの世も同じようだ。

●道真の霊を鎮めたい…北野天満宮創建へ

さて死後約40年もの間、京都の人々を怖がらせた菅原道真の魂。当然、これを鎮めようという機運が盛り上がる。天慶５（９４２）年、都に住む女性・多治比文子の夢に道真が現れ、生前、よく遊んだ右近の馬場に自分を祀るよう告げたという。

また、今度は近江国比良宮の７歳の男の子に「一夜のうちに松が生える場所に私を祀れ」という託宣があったという。彼らがお告げに動かされ、北野の地に道真を祀ったのが、現在の北野天満宮につながるのである。

生前の頭脳明晰のイメージが強い道真は、かくして死後の強烈な祟りがきっかけとなって祀られたのであった。

3 【藩と藩の意地がぶつかる！】三十三間堂で行われた壮絶な戦い

●矢を一昼夜射続ける「大矢数」

東山七条にある三十三間堂《さんじゅうさんげんどう》は、1001体もの観音様がずらりと並ぶ印象的な場所だ。中央の高さ約3メートルの千手観音坐像は鎌倉時代後期の作で、国宝に指定されている。その周りに10列にわたり並ぶ千手観音立像も、重要文化財だ。そのうち、平安時代のものが124体含まれている。

ここにたたずむと、観音様の2002の目から注がれる視線が気になって仕方がない。これだけあると不思議な言い伝えも生まれ、「自分と似たお顔がある」とか、「自分が逢いたい人に似たお顔が必ずある」とされている。

今回の怖い話は、そういう話ではない。実は江戸時代、この静かにたたずむ観音様の後ろで、

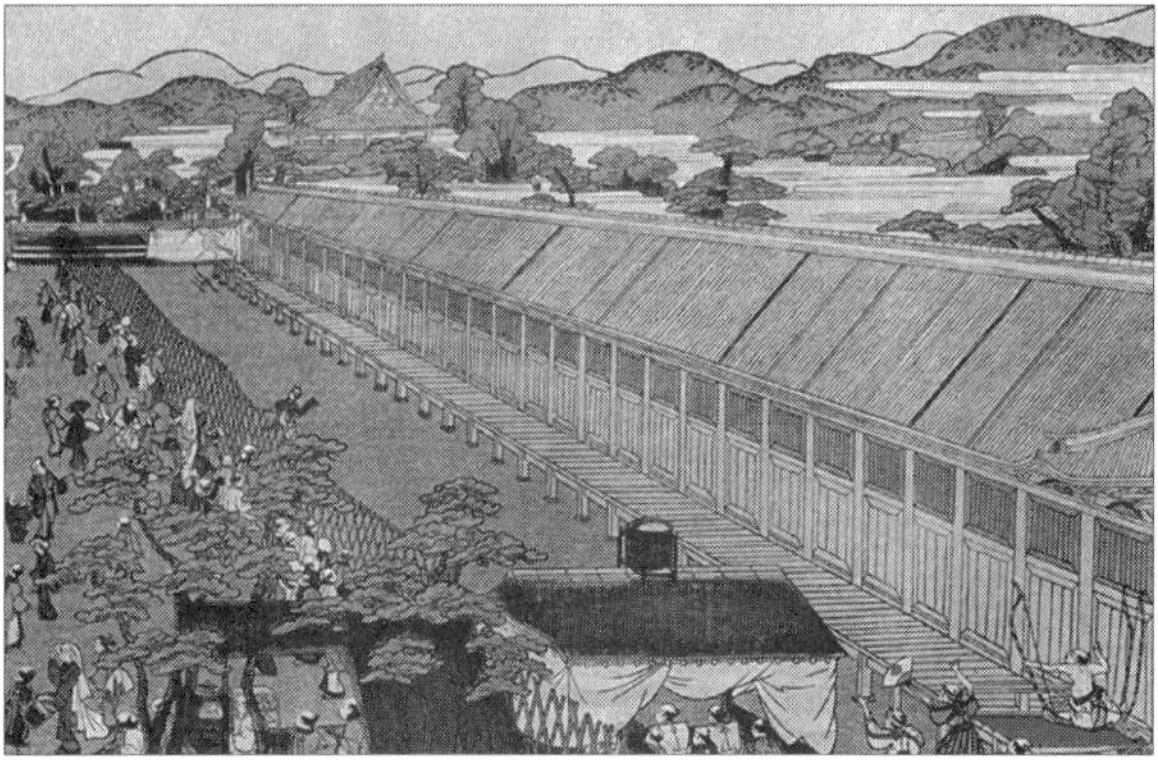
通し矢の様子を描いた江戸時代の版画。軒下の端に的があるのが分かる

「一昼夜かけて弓矢を何本射通せるか」という熾烈な争いをした男達がいたのだ。

矢を射通す場所は、三十三間堂の西縁の軒下。ここで南から北へ向けて弓矢を放った。

現在でも「通し矢」というと、三十三間堂が有名だ。毎年、成人の日に「大的《おおまと》全国大会」が行われ、あでやかな晴れ着をまとった新成人の男女らおよそ2000人が集まり、弓の腕前を競う。

彼らが狙うのは、約60メートル先にある直径1メートルの的だ。

●天下一の座をかけた大勝負

しかし、通し矢が全盛だった江戸時代は、もっと長い距離で腕を競った。その長さは約120メートル、現在の倍もあった。

通し矢自体のはじまりは平安末期とも伝わるが、三十三間堂での通し矢は、江戸時代に入って本格的にブームとなったようだ。

慶長11（1606）年、三十三間堂で行われた通し矢で、清洲藩松平家中の浅岡重政が100本中51本を射通し、「天下一」の称号を徳川家康より許可された。

その後、さらに盛んになり、特に陰暦4、5月に、日暮れから翌日の暮れまでの一昼夜に数千本から一万数千本を射続けて、その数の多さを競う「大矢数《おおやかず》」と呼ばれる競技が花形となっていった。

新記録達成者は「天下一」を称することを許された。多くの射手が記録に挑んだが、実施には多額の費用（千両とも伝わる）がかかるため、実際に挑戦した者たちは、紀州や尾張、加賀などの雄藩の後ろ盾が不可欠だった。

●紀州藩対尾張藩の熾烈な戦い

この「通し矢」で最も有名なのが、1600年代半ば〜後半にかけての紀州藩と尾張藩の戦いだ。両家とも家康の子息を藩祖とする「徳川御三家」の家柄であり、極位極官（その家柄が就任できる最高位）も同じ従二位大納言。

その面子がかかって戦いは凄まじい物に発展していく。
寛永年間以降はほぼこの二家の一騎打ち。両家のみの結果は次の通り。

(年)	(藩)	(名前)	(命中数)	(射た総数)
寛永6年	紀州藩	下村忠右衛門	1746	3112
寛永12年	尾張藩	杉山三右衛門	3475	6082
寛永14年	尾張藩	長屋六左衛門	4313	7180
寛永14年	尾張藩	杉山三右衛門	5044	7611
明暦2年	紀州藩	吉見台右衛門	6343	9769
寛文2年	尾張藩	星野勘左衛門	6666	10025
寛文8年	紀州藩	葛西園右衛門	7077	9000
寛文9年	尾張藩	星野勘左衛門	8000	10542
貞享3年	紀州藩	和佐大八郎	8133	13053

紀州が天下一となれば、尾張が記録を塗り替える。尾張の時代が到来するかと思いきや、す

ぐさま紀州から名人が現れる。武士のプライド、そして御三家の面子《めんつ》にかけて、これは決して負けられない戦いだったのだ。

矢の総数も次第に一万本前後になっていった。両家の戦いで最後の記録を持つ紀州藩の和佐大八郎にいたっては、矢の総数は１万３０５３本。これを一昼夜射続けたということは、単純に計算すると、

１３０５３÷24時間÷60分＝９・０６……

１分間におよそ９本の矢を射ていることになる。ということは、１本の矢を約６秒ごとに射続けなければ、この総数にはならない。

またその成功率は、

８１３３本÷１３０５３本＝０・６２……

約62％というからまたスゴイ。６秒ごとに矢を射続けて、その半分以上は命中しているのだから。

何という精神力の強さだろう。集中力もただ者ではない。射る方も射る方だが、その審判役も大変だ。みんな、

南北１２０メートルの本堂

スゴイというより「狂気じみている」と言っても良いだろう。しかし、当人たちは大真面目なのだ。それが武士のプライドというものだったのだろう。

この熾烈な戦いで思わぬ副産物があった。それは、道具の改良だ。

例えば「ゆがけ」と呼ばれる矢を射る時に使う鹿革製の手袋状のものの、親指部分に木や水牛の角など固いものを入れて、弦の圧力が直接親指にかかる負担を減らす「堅帽子《かたぼうし》」というものが発明されたという。

一時期、大変なブームとなった通し矢だが、一方で、この過度な戦いには当初から批判的な声も多かった。「通し矢は用に立たず、矢数を射増したる名を取るのみにて、無益なる業なり。見せ物の類なり」と辛口批評する者もいた。そして、江戸後期には、その人気は下火となっていた。

公の記録に残る「大矢数」としては、明治32年に４４５７本射通した若林正行氏（旧高槻藩士・慶應義塾師範）が最後である。

4 【思わず手が伸びてポキッ！】弥勒菩薩像の妖しい微笑み

●若者の理性を揺るがした美しい微笑み

あなたは、いけないと知りながらも、ついその手で触れてみたくなるほど妖しく、美しいものに出逢ったことがあるだろうか。それは、絶対に越えてはならない一線なのだ。

しかし、ある若者の理性をも忘却の彼方に置き去りにしてしまうほどの美が、京都にあった。

それは、白い肌の京女ではない。一体の仏像だった。

昭和35（1960）年8月18日、京都市右京区太秦《うずまさ》の広隆寺で、山内の霊宝館に収蔵されていた国宝・木造《もくぞう》弥勒菩薩《みろくぼさつ》半跏像《はんかぞう》（宝冠弥勒）の右手薬指が第二関節から折られ、指先がなくなるという事件が起こった。

この菩薩様はなんとも魅力的な微笑みをたたえている。赤松の一木造の坐像で、高さは約

妖しい微笑みをたたえる宝冠弥勒

１２４センチ。その姿は、右脚を左膝に乗せ、右手をそっと頬に当てて思索にふける「半跏思惟」像。口角が僅かに上がり、微かに笑みを浮かべる静かな表情に、見る者は自然と立ち尽くしてしまう。

犯人は、この仏像の美しさに思わず手を伸ばしてしまい、指先を折ってしまったのだ。

像は〝国宝認定第一号〟として有名な文化財。おふざけでは済まされず、警察や文化庁が動き出す大変な事態に発展した。

その日の夕方になって警察に自首してきたのが、当時、京都大学法学部3回生のA君だった。京都地方検察庁はこの学生を文化財保護法違反の容疑で取り調べた。

幸いなことに折れた指は、文化庁や京都府文化財保護課の技師らによって元通りに復元され、私達は、美しい姿を拝見できている。

●魅惑のアルカイックスマイル

若き学生を惑わした、口元に静かに笑みをたたえるような表情を、美術用語で「アルカイックスマイル」（古典的微笑）という。「アルカイック」とは、古代ギリシャのアルカイック期（紀元前6世紀ころ）のことで、当時、ギリシャで製作された像の特徴のひとつといわれる。

また、同時期の東洋美術でもこのような微笑みの像が見られ「シルク・ロードによってこの微笑みの文化が伝来したのでは」との説があったが、中間点にあたるペルシアでは、そうした像は見られない。だからギリシャと東洋のアルカイックスマイルの関係性については、いまだに謎に包まれている。

あのウルトラマンの口元も、アルカイックスマイルが投射されているという説は有名で、この微笑は知らず知らずのうちに人の心に残る、底知れぬ力を持つ微笑みなのだ。

広隆寺の仏像については、ドイツの哲学者カール・ヤスパースのこんな言葉も残っている。

「私はこれまでに古代ギリシャの神々の彫像も見たし、ローマ時代に造られた多くの優れた彫刻も見てきた。だが、今日まで何十年かの哲学者としての生涯の中で、これほど人間実存の本当の平和な姿を具現した芸術品を見たことはなかった。この仏像は我々人間の持つ心の平和の理想を、真に余すところなく最高度に表しているものだ」

紀元前の昔から人々を魅了し、世界からも賞賛されるアルカイックスマイル。それを継承する広隆寺弥勒菩薩の微笑みが、頭脳明晰な昭和の若者の理性をも揺るがしたのだ。

●動機は本当か？

この指折り事件の「動機」だが、実は諸説あるらしい。一般的には、すでに紹介したように「仏像があまりにも美しく、つい触れてしまった」となっている。ところが当時（8月20日付）の新聞各紙を調べると、意外なことに、社によってまちまちなことを書いている。

毎日新聞
「友だちと二人で同菩薩を見物に行った時、あまりの美しさにキスしたくなって近寄ったところ左ほおが指に触れ折損してしまったのでポケットに入れて持ち帰った」

読売新聞
「話のタネにしようと思い像の口にキスした際、ホオが像の右手に触れ折った。破片を持って嵐山へ逃げ、途中道ばたへいったん捨てたが引き返して拾った」

朝日新聞

「弥勒菩薩の実物を見たら〝これがホンモノだろうか〟と思った。期待はずれだった。金パクがはってあると聞いていたが、木目も出ており、ホコリもたまっていた。ちょうど監視人もいなかったので、いたずら心が起こった。なぜ像にふれようとしたのかあのときの心理はいま自分でも説明できない」

触れたところは頬だったり手だったりバラバラで、肝心の動機については「話のタネに」、「期待はずれ」などというコメントまで飛び出す始末。一体どれが本当なのだろうか。読み比べると、朝日新聞の記者は学生の下宿にまで出向いてコメントを取るなど、一番張り切って取材をしている印象を受ける。これを信用するならば、単なるいたずら心だったのだろうか？

しかし一番聞き心地の良い「美しさのあまり……」という動機がひとり歩きし、定着してしまっているのだ。A君も老境に入っていると思われる今となっては、真実が明らかにされることは永遠にないだろう。ただひとつだけ確かなのは、弥勒菩薩像が思わず手を触れてしまいたくなるほど妖しい美しさをたたえており、それは今後も不変ということだ。

5 【丑の刻参りの由来】貴船神社は恋のパワースポット?

●恋が成就する場所……?

京都の市街地、出町柳から叡山電車で北へ約30分。貴船口で降りてから、さらに歩くこと約2キロ。京都の奥座敷にある貴船《きふね》神社は古来より水神を祀り、祈雨の神として信仰されてきたが、近年は「恋のパワースポット」としてカップルや女性たちで賑わっている。

平安時代の女流歌人で恋多き女性として知られた和泉式部が、ここをお参りして恋がうまく実ったという逸話も、ご利益の信頼度を高めているようだ。

そんな彼らの気持ちに冷や水を浴びせるようで申し訳ないのだが、この神社について少し年配の方々に聞いてみると「恋のパワースポットだって?」と苦笑いし、そして「貴船神社と言ったら……」と口ごもる。言いにくいことを隠しているかのようだ。

膨大な数の灯籠が印象的な貴船神社の参道

無理もない。ここは、かつては「丑《うし》の刻《こく》参り」で有名な神社だったのだ。

●丑の刻参りの作法

丑の刻とは、午前1時から3時頃（主に2時頃）を指す。草木も眠るそんな時間に白装束の女性が境内に現れ、憎い相手に見立てた藁人形を、大きな杉の木に五寸釘で打ち付ける――。それが、いわゆる「丑の刻参り」と言われる呪術だ。

髪を乱し、顔に白粉、歯にはお歯黒、濃い口紅に、鉄輪《かなわ》を頭に載せ、その3つの足にローソクを立てて灯す。

胸には鏡を掛け、口には櫛をくわえる。履き物は一本歯の下駄とされる。こんな異様な出で立ちで7日間、お参りを続け、帰路に寝そべる黒い大きな牛を恐れることなく乗り越えられれば、みごとに呪いが成就するという。

この姿は誰にも見られてはならず、目撃されればこの呪いは叶えられない。それだけではなく、誰かに見られてしまうと自分がかけた呪いが跳ね返ってくるという。人を呪わば穴二つ。だから、目撃者を殺すことも許されるという言い伝えも残っている。

生きながら鬼になることを選んだ女たち。彼女たちは、愛した男に裏切られ復讐を誓ったり、それでもまた振り向いて欲しいと願う、ある意味健気な者たちである。

●古典に登場する丑の刻参り

貴船神社の呪詛《じゅそ》神としての信仰は平安中期には成立していたことが、いくつかの古典から分かっている。そのひとつが藤原道長・頼通《よりみち》親子の栄華を中心に描いた『栄花《えいが》物語』だ。

道長といえば関白太政大臣という最高位に就き、政治権力を掌中に収めたばかりか、3人の娘たちを次々に中宮（皇后）とし、「この世をば我が世とぞ思ふ望月の欠けたることもなしと思へば」と詠んだ男である。なお、一条天皇の中宮となった長女・彰子に仕えたのが紫式部だ。

その道長の息子・頼通が病気にかかり、陰陽師や高僧による加持祈祷《かじきとう》でも効き目が無くなかなか回復しなかった。そんなときに現れた物の怪が貴船の神だった。

それを見た周囲の人々から、頼通は「浮気」を疑われる。この時点で、「貴船の神が怒る＝男女間でトラブルがあった」と見なすことが、常識だった事がうかがえる。

しかし、当の本人は、全く身に覚えがないというのだ。

葛飾北斎が描いた、丑の刻参りで妖怪を呼び出す女

実は、祟りの背後には複雑な人間関係があった。当時、頼通には正妻の北の方がいたのだが、父の道長により、皇室から姫君を迎え入れるという話が持ち上がっていたのだ。新しい姫君に心が移ってしまうのではないか……。そう心配した正妻の周りの人々が、この縁談が無くなるようにと貴船明神にお参りした結果、不憫に思った神が頼通のもとに現れたのであった――。


呪詛神としての貴船明神信仰は、市井にも広がっていく。鎌倉時代には『平家物語』で、「橋姫」の物語としてさらに恐ろしい話が描かれ、室町後期には、能楽の演目『鉄輪』として繰り返し演じられるようになる。

下京あたりに住むある男が妻を捨て、後妻を迎えた。余りにも哀しく、やるせなくて、先妻は、貴船に丑の刻参りをする……というストーリーだ。
心が通い合っていたはずの男が、急につれなくなったら貴船の神様にお願いする。それが広く庶民に浸透していたのだ。

●和泉式部と貴船の神

ここで、最初に名前が出ていた和泉式部を思い出して欲しい。和泉式部といえば、数多の貴公子に言い寄られた恋のカリスマ的存在である。男に振り向いてもらえない女性たちが訪れる場所とは無縁に思える。

彼女の恋愛遍歴は実に豪華だ。人妻でありながら、冷泉天皇の第三皇子との恋愛が発覚して身分違いの恋と世間を騒がせたり、その第三皇子の死後は、事もあろうかその弟皇子と恋に落ちた。

当時としてもかなりスキャンダラスだったようで、藤原道長からは「浮かれ女」と称され、同じ宮中で働く同僚の紫式部からは「恋文や和歌は素晴らしいけれども、その素行は感心できない」と酷評されたほど。しかし、それほど世の男性たちは彼女を放っておかなかったのだ。

そんな恋愛勝ち組の和泉式部が、なぜ、貴船神社を訪れたのか。

それは、親王たちとの恋愛から十数年後のこと、武勇で知られる藤原保昌《やすまさ》の正妻になっていた時代のことである。さしもの和泉式部も衰えが隠せなかったのか、夫・保昌の心は彼女から遠のいていた。思い悩み、心乱れる和泉式部は、貴船の神にすがるため参詣した。

その時詠んだ歌が伝わっている。

物おもへば　沢の蛍も　我が身より　あくがれいづる　魂《たま》かとぞみる

「恋しさに思い悩んでいると、沢に飛ぶ蛍も、私の身体から抜け出ていく魂のように見えます」という意味だ。彼女はこの時、魂が抜け出てしまうくらい思い悩んでいたのだ。そして足が向いたのが貴船神社。それは、夫を呪うためだったのだろうか。それとも相手の女性を恨み、呪詛しようとしたのだろうか。貴船に参るということは、それなりの覚悟の上で来たのではと勘ぐってしまう。

プライド高き和泉式部の千々に乱れる女心。後はもう、鬼になるしか道はないのか――。と、その時、不思議なことに、社殿からこんな歌が返ってきた。

奥山に　たぎりておつる滝つ瀬の　たまちる許り　物な思ひそ

「奥山にしぶきをあげて飛び散って消えてしまう滝の水玉のように、そんなに思い詰めてはいけないよ」。それは紛うことなき、貴船明神の声であった。

この歌によって、彼女は、危うく人でないものになってしまうところを、目覚めることができたのだ。そして、じきに夫の心は戻って来たという。

これが貴船神社にまつわる、和泉式部の逸話だ。「あの和泉式部もここに参って恋が成就した」と言われれば、参拝者の多くは、おそらく美しい話ばかり想像したと思うが、まさかこんな、彼女の心の闇の部分が渦巻いたスポットだとは思いもしなかっただろう。

6【それでもそこに座りますか？】三条河原に並んだものとは

●京都名物　鴨川等間隔カップル

京都名物のひとつに「鴨川の等間隔カップル」という現象があるのをご存知だろうか。三条から四条にかけての鴨川西岸の川べりに、なぜか等間隔で座るカップルのことだ。上から眺めていると、面白い現象に気付く。それは、はじめ3メートル間隔で座っていても、混み合ってくると、誰かがその間に座る。すると、次からは1・5メートル間隔で間が埋まっていくのだ。これを文化人類学の視点から、パーソナルスペース、つまり縄張りをテーマに解き明かそうとした論文まであるという。

この三条大橋の下に広がる三条河原一帯は、京都で学生生活を過ごした人には思い出深い場所だろう。ここでサークルの仲間と待ち合わせたり、カップルなら鴨川デートをしたり――。

甘い気持ちで寄り添うお二人に水を差すようで大変申し訳ないのだが、筆者は長年、「ここはね、実はね……」と言いたくなる衝動をずっと抑えてきた。なぜなら、子供の頃から父親に、こう言われてきたから。「ここには昔、さらし首がいっぱい並んでいたんだよ」

●あの有名人もここで最期を迎えた

実は、京で見せしめとしての処刑やさらし首が行われるのは、鴨川の河原、ことに三条や六条河原が多かった。

ここで最期を迎えたり、首をさらされた歴史上の有名人は多い。慶長5（1600）年、「関ヶ原の戦い」の後、六条河原で斬首された石田三成の首もここへ運ばれた。

また、幕末に活躍した新選組の局長・近藤勇の首も江戸で斬首されてここに運ばれ、さらされた。

さらし首になったのは人間だけではない。倒幕の気運高まる幕末には、等持院にある足利幕府の初代から三代までの将軍の「木像の首」が持ちだされ、さらされた事件もあった。また、大盗賊・石川五右衛門の釜茹でもここで行われた。

今も多くの人が行き交う三条大橋だが、昔から橋という場所は人通りの多い所で、橋ではお尋ね者の人探しもよく行われたという。

また、三条大橋西詰め北側にはかつて、高札《こうさつ》を掲げる場所があった。高札とは法令や犯罪人の罪状などを一般に告示するための板で、今も三条大橋西詰めの北側に、高札場の跡を示す駒札がある。

人通りが多く、皆に法令を周知するにはもってこいの場所だということが分かる。

そんな人が集まる橋からよく見える河原は、罪人に刑を執行し、その首をさらすにも最適の場であった。「見せしめ」の効果抜群の立地だったからだ。

子供と共に釜茹でになる石川五右衛門

●むごすぎる！　豊臣秀次とその家族への刑

ここで行われた数多の処刑の中でも特に痛ましく、むごかったと伝わるのが、豊臣秀吉の甥であった関白秀次とその妻子たちの最期だ。

長い間、実子に恵まれなかった豊臣秀吉は、天正19（1591）年、実姉の子供で甥にあた

三条大橋から見える三条河原のカップルたち。見事な「等間隔」ぶりである

る秀次を養子とし、関白の座まで譲って後継者とした。しかし、その約2年後、秀吉の側室、淀殿が待望の実子・秀頼を生むと、秀次は次第にうとまれる存在となっていく。

文禄4（1595）年に秀次は和歌山の高野山へと追放され、7月15日には秀吉から切腹を命じられた。享年28。例によって秀次の首は三条河原にさらされた。問題はその後だ。

捕らえられていた彼の正室や側室たち、そしてまだ幼い子供たちは、8月1日、遺書をしたためさせられると、翌2日、白装束姿となって牛車で市中を引き回された後、三条河原に引き出された。

三条大橋の下には塚が築かれ、その上には夫・秀次の首が据えられていたという。

妻子らは、市中を引き回された末に、こんな無惨な夫の姿に対面をさせられたのだった。そして、その側には20間（約36メートル）四方もの大きな穴が掘られていた。

34人の妻たちと5人の幼児たちは、次々と首を打たれていった。まず、母親の目の前で、幼子たちが。そして女たちが……。思わず顔を背けたくなるような光景が続き、鴨川の水は朱色に染まっていったという。遺体は彼女たちの目の前に用意されていた大きな穴に無造作に投げ込まれた。その上に建てた塚のてっぺんには秀次の首が納められ、秀吉はこれを「畜生塚」と名付けたという。

正午頃から午後四時頃まで行われたこの痛ましい光景に、大勢の見物客たちは「こんなに酷いなら見に来なかったのに」と目を覆い、後悔したという。

●まだ夫の顔も見ていないのに……

この惨劇の中で、今も語り継がれる最も哀れな姫君といえば、出羽国（山形県）の大名であった最上義光《よしあき》の娘、駒姫（「いま姫」とも）であろう。

駒姫は、東国一の美女との評判が高く、豊臣家からは再三にわたって「関白・秀次の側室に」と求められていた。はじめは断っていた父・義光だったが、相手は時の権力者。ついに受け

関白にまでなりながら粛清された豊臣秀次

入れざるを得なくなった。手塩に掛けて育てた美しい娘・駒姫は、当時15歳だったという。

駒姫が出羽国から遠路、京に赴き、長旅の疲れを癒していた最中の7月半ばのこと。なんと夫となるはずの秀次が、秀吉から謀反の疑いを掛けられ、切腹に追い込まれてしまう。さらに、秀次の一族郎党皆にも処刑が決まる。

実質的な側室となる前の駒姫を助けようと、義光は八方に手を尽くして助命嘆願をしたが、秀吉に聞き入れられることは無かったという。記録によると、駒姫の処刑は39人中11番目であった。罪なき駒姫は静かに手を合わせ、その短い生涯を終えたという。

その後、義光は駒姫を嫁に出した事をずっと悔やみ、自分を責め続けたと伝わっている。

また、駒姫の母は翌月に亡くなっている。

これは、ひとり旅立った娘を不憫に思った母親の自殺ではないかとも言われている。妻と娘を一度に失った義光の心中はいかばかりであったろう。

一説では、これらの事件を機に、最上義光の秀吉への反感は一層強まり、逆に徳川家康への傾倒が強まったと言われ、5年後に起こる関ヶ原の戦いにおいて、最上家は何の迷いもなく家康率いる東軍に身を投じることになる。

豊臣秀次や、三条河原で非業の死を遂げた妻子たちを供養する「瑞泉寺」が、周囲の喧噪をよそに、三条木屋町、三条小橋のたもとにひっそりとたたずんでいる。しかし、地元の人たちも今は普段ほとんど気に留める事はない。周りはネオンの光が眩しい飲食街で、まさかこんな所にと誰もが思う事だろう。

境内には、今も秀次の墓を囲むように、49もの五輪卒塔婆が並んでいる。悲劇の姫君・駒姫ら、運命を共にした幼子や妻たちに加え、殉死した家来たちもこの地で手厚く弔われている。

7 【呼ばれても振り向いてはいけない】振り向くな！ 嵐山の渡月橋

●京に伝わる十三まいり

子供の成長を祝う日本の年中行事といえば、「七五三」を思い浮かべる人が多いだろう。実は、京都には続きがある。それが、数え年で13歳の時に行う「十三まいり」だ。

13歳という歳は、干支をひとまわりして初めての厄年であり、幼年期から成年期へと移ろうとする人生の転換期である。大人の仲間入りをする元服もこのころから始まる。そんな節目の年に子供の成長を祝い、より良い人生を迎えられるよう家族で祝うのだ。

お参りする先は、嵐山の法輪寺。この寺の歴史は古く、和銅6（713）年、元明天皇の勅願で、奈良時代の高僧・行基によって創建されたのが始まりだという。

あの清少納言が『枕草子』で「寺は壺坂　笠置　法輪」と名前を挙げるほどで、特に院政期には多くの人々の信仰を集めて隆盛を誇った。

ご本尊は虚空蔵菩薩《こくぞうぼさつ》といい、広大な宇宙のような無限の知恵と慈悲を持つという。

知恵の菩薩様というと、「三人寄れば文殊の知恵」で知られる「文殊菩薩」がすぐ頭に浮かぶが、文殊菩薩が「知識の量や経験の深さ」に御利益があるのに対して、虚空蔵菩薩の方は、集中力やひらめきに御利益があるそうだ。

嵐山の渡月橋。桜や紅葉の季節は多くの観光客で賑わう

●動機は不純でも良い！

集中力を授かるといえば、こんな面白いエピソードが『今昔物語集』に載っている。

今は昔、比叡山のある若い僧が、遊びにばかり気が散ってなかなか勉強に身が入らずにいた。しかし、志だけは高く、法輪寺にお参りしては、虚空蔵菩薩に知恵を授かるよう祈願していた。

ある日のこと、法輪寺を参った後、日が暮れてしまい宿を求めて歩くうち、風雅な家にたどり着く。この家の主人はうら若い女であったが、比叡山の僧であれば泊めてもらえることになった。

　夜も更けて、若い僧が屋敷内をぶらついていると、壁に穴が空いていた。のぞいてみると、そこには女主人の美しい姿が……。僧はすっかり心を奪われてしまい、想いを遂げようと女の部屋に忍び込む。案の定、頑なに拒まれるのだが、同時にこんなことを言われた。

「あなたが嫌いではないのですが、実は昨春に夫を亡くしたところで、尊敬できない男とは再婚したくないのです。あなたは立派なお坊さんとお見受けしたので、このようにお泊めした次第です。ところで、あなたは法華経を暗誦されていますか？」

　法華経とは初期大乗教典のひとつで、最澄が日本にもたらし比叡山を本山とするなど、日本で最も親しまれたお経であり、仏教界を超え平安～中世の文化全般に影響を与えている。

　僧侶が首を振ると「では、早く比叡山にお帰りになって、法華経を覚えてきて下さい」と言う。勇んだ僧は必死に勉学に励んだところ、わずか二十日足らずでお経を暗記してしまう。そして僧が女を訪ねると、こう言われた。

「ただお経が読めるだけで満足しているような人と一緒になるのは嫌です。私のことを本当に想って下さるのなら、3年間山にこもり、立派になってから迎えに来て下さい」

言うとおり3年間、一心不乱に学問に励んだ僧は、立派な学僧に成長する。

今度こそ想いを遂げようとすると、女は手を差し出して「しばらくこうしていましょう」と言うではないか。手を握ったまま語らううちに、男は寝入ってしまった。

目覚めると、そこはススキの茂る原っぱで、脱ぎ散らかした自分の服があるだけだった。恐ろしくなった僧は近くの法輪寺に駆け込み、「助けてください！」とご本尊の虚空蔵菩薩に祈るうちに、またもや眠りに落ち、夢を見た。その夢に虚空蔵菩薩が現れて言った。

「お前が今日、騙されたのは狐や狸の仕業ではなく、私がやったことだ。お前は頭は良いのに努力をせず遊んでいた。そのくせ、知恵を授けろだの願いだけはしてくる不届き者だった。そこで私は、お前の女好きを利用して学問に向かわせたのだ。案ずることはない。これから山に戻ってますます学問に励みなさい」

虚空蔵菩薩が女に化けて、才能ある若い僧の集中力を引き出し、仏の道に導いたというお話。若者の恋心まで利用するとは、仏様の知恵とは凄まじいものだ。

●振り向いたらどうなる？

さて、そんな虚空蔵菩薩に知恵を授かりに行く十三まいり。古くは虚空蔵菩薩の縁日にあたる陰暦の3月13日に参詣するのが一般的だったが、現在では4月13日を中心に、3月から5月にかけて、また気候の良い秋にも祈祷を受け付けている。

境内では、子供たちが半紙に思い思いの漢字1字を筆で書き、虚空蔵菩薩に奉納し、加持祈祷を受ける。

そして最後に肝心なのが、法輪寺を後にして、渡月橋を渡る時に、決して振り向いてはいけないということ。振り向くと、せっかく授かった知恵が逃げてしまうと言われている。

子供が大成しなかった場合「渡月橋で振り向いてしまったから」と京都の人は冗談で言い訳に使うくらい、この迷信はよく知られている。

ところが、面白半分に後ろからちょっかいをかける親もよく見かける。これは肉親ならではの、「それでも振り向かない強い心を持て！　我が子よ！」という愛情たっぷりのエールなのだと筆者は理解している。

8 【知られざる思想家の生涯】彦九郎像は誰に謝っているのか

●「三条土下座前に集合！」

お江戸日本橋を起点とする東海道。

「五街道」のひとつで宿駅は品川から大津まで、江戸～京都間に53宿があり「東海道五十三次」といわれた。江戸から京都へ旅する場合、起点は日本橋から、終着点は京都の三条大橋だ。その橋のたもとに大きな銅像が建っている。

江戸後期に活躍した思想家・高山彦九郎の像である。

場所は、京阪電鉄の三条駅前であり、目の前の三条大橋を渡れば、京都の繁華街のひとつ、河原町三条も近いとあって、彦九郎の銅像前は、京都の待ち合わせスポットとして広く知られている。

何も知らずに見ると土下座をして謝っているように見える

特に若者たちは、この銅像前で待ち合わせる時「じゃ、6時に〝土下座前〟で！」などと言うことが多い。そう、皆、この像は「土下座」していると認識しているのだ。

確かに、深くひれ伏すように正座している姿は土下座に見えなくもない。

筆者も子供の頃は「この人はどうして深々と謝っているのだろうか。どんな悪いことをしたのかな？」と気になっていた。そして、なぜ「悪いことをして謝っている人」を銅像にしたのかと子供心に不思議に思った。

しかし、これは大きな誤解であった。

この人物は決して悪事など働いていないし、誰かに謝っているわけでもない。彼はただ、ある方向を向いて、深々と拝礼しているのだ。

彦九郎が見つめているのは、京都御所の方角。そう、彼は「帝」を遙拝している。

●尊王論を説き歩いた彦九郎

延享4（1747）年、現在の群馬県太田市に生まれた彦九郎は、子供の頃に『太平記』を読んで、尊王の志を立てたという。

『太平記』とは南北朝の動乱を描いた軍記で長さは40巻に及び、1370年代の成立とされる。後醍醐天皇の倒幕計画から鎌倉幕府の滅亡まで、「建武の新政」の挫折と後醍醐天皇の死、そして足利義詮《よしあきら》の死と細川氏の上洛という三部構成になっている。

同書の主要人物として登場する南朝の新田義貞は彦九郎の祖先とされ、彼の祖母は「尊王こそがご先祖への孝行だ」と孫に教え込んだ。

18歳の時、彦九郎は家宝の刀を持ち出して京にのぼる。その時のことである。「ついに自分は、帝のおわす王城・京の都にやって来たのだ！」と、京都三条大橋で感極まり、御所に向かってひれ伏したのであった。

都に踏み入るだけでも畏れ多い——。帝を仰ぐ人々にとって、京都とはそんな場所だったのだ。銅像はその時の様子を表現したものだという。にしては、銅像の容貌は18歳のものとは大きくかけ離れているように見えるが、そこは置いておくとしよう。

彦九郎は、自らを「草莽《そうもう》の臣」と名乗った。草莽とは、民間にあって地位を求めず、国家的危機の際には忠誠心から行動に出る人を意味する。彼は京に滞留し、皆川淇園《きえん》ら多くの学者に学んだ。その後は皇権復活を説きながら、関東、東海、北陸、果ては松前まで、全国を行脚した。

●奇人か、はたまた偉人か

彦九郎が4度目に上洛した時のこと。縁起が良いという珍しい亀「緑毛亀《りょくもうき》」を見つけたため、朝廷に献上したところ、天覧に供されるという名誉を得た。御所に参内し、光格天皇からお声をかけて頂くという、とんでもない幸運に恵まれたのだ。天にも昇る心地を味わった彦九郎は、ますます尊王道に邁進することになる。

そんなある日、光格天皇が幕府と対立する出来事が起こる。一説によると、この時彦九郎は朝廷側のブレーン的役割を務めたとされる。しかし結果的に、幕府の老中・松平定信の意見が通り、彦九郎は幕府から睨まれることになってしまう。

その後、彦九郎は九州は久留米の地の友人宅で、突如自害した。

彼の死は謎が多い。一説には、光格天皇の主張が通らなかったことを悔やんでとか、尊王思想を説く旅が、薩摩でうまく行かなかったからなどといわれている。彦九郎の尊王論は、数十年後に、幕末の志士である長州・吉田松陰や高杉晋作、久坂玄瑞《くさかげんずい》、また薩摩の西郷隆盛らに大きな影響を与えたという。

中でも、吉田松陰は彦九郎の思想に心酔し、もともと寅次郎という名であったのを、彦九郎の戒名である「松陰以白居士」から取るほどであった。

「寛政の三奇人」のひとりとも称される彦九郎。この「奇人」とは、とかく変人扱いされがちであるが、その情熱の強さにより、性質や言動が常人と異なっているということなのだろう。

だからこそ、彦九郎は幕末の志士らから尊敬され、故郷群馬県には神社も建てられ、楠木正成、二宮尊徳とともに、戦前の教科書に載ったのではないだろうか。

かつて日本人なら誰もが知る人物を、今の我々は何一つ知らない。彼の銅像を見て「土下座像」とさえ呼んでいる、その無知こそなにより怖いものだ。

時代ごとのイデオロギーに振り回されず、「歴史上にこんな人がいた」という事実は、次の世代にきちんと語り継ぎたいものである。

9 祇園祭は何のためのお祭り？

【厄除け粽に隠された恐ろしい逸話】

●その粽、食べられません

京都の夏を彩る絢爛豪華な祇園祭。祇園囃子が優雅に流れる宵山の賑わいや、7月17・24日の山鉾巡行で、重さ10トンもある巨大な山鉾が都大路を直角に曲がる豪快な辻回しなどでご存知の方も多いだろう。あまり知られていないようだが、祇園祭は7月1日から一ヶ月間にわたって行われている。

もう一つ、これまたあまり知られていないのが「粽《ちまき》」についてだ。各山鉾町で配られる、笹だけで出来たお守り「厄除け粽」のことなのだが、たいてい「これは食べられるんですか？」と聞かれる。

長刀鉾の粽（厄除け粽）。よく見ると「蘇民将来子孫也」という文字が見える

残念ながら粽は粽でも、この中にお餅は入っておらず、食べられない。

では、一体何に使えば良いのか?

この不思議な笹のお守りのルーツを知ることで、祇園祭の本当の目的が見えてくる。

●ソミンショウライとは?

厄除け粽をよく見てみると、「蘇民将来《そみんしょうらい》（之）子《し》孫也《そんなり》」という文字が書かれた紙が付いていることに気付くだろう。

これは次のような伝説に基づいたもの。

昔々、あるところに牛頭《ごず》天王《てんのう》という神様がいた。花嫁捜しの旅に出かけた際、途中で宿を探していると、この辺りで一番の金持ちの巨旦将来《こたんしょうらい》の家があった。一夜の宿を頼んでみると、長旅で衣服も汚れ、貧しい身なりの牛頭天王を見て、巨旦は「うちは貧しいから無理だ」と嘘をついて断った。

仕方なく歩いていると、今度は巨旦将来の弟である蘇民将来の家があった。牛頭天王が頼んでみると、貧しいながらも心優しい蘇民将来は「この通りで何もお構いは出来ませんが、どうぞ休んでいって下さい」と、疲れた牛頭天王をありったけの真心で、わらの布団とひえの食事で手厚くもてなした。

この心遣いに大変喜んだ牛頭天王は、御礼に「今後、お前の子孫は末代まで私が守ってあげよう」と言った。そして、「目印に、腰に茅《ち》の輪をつけておきなさい」と言い残して去っていった。

この言葉を代々守った蘇民将来の子孫たちは、都で疫病が流行った時も無事に生き残り、末代まで繁栄したという。

お守りとなった「茅」とは「萱《かや》」のことで、屋根を葺《ふ》くのに使う細長い葉と茎が特徴の、チガヤ、ススキ、ツゲなどの植物のこと。これを巻いて作った「茅巻き」が、同じ音の「粽」に変化していったようだ。

●疫病退散を願う祭・祇園祭

祭には、様々な種類がある。五穀豊穣を祈るもの、豊作に感謝するもの、商売繁盛を願うもの、子孫繁栄を祈るもの――そんな中、祇園祭が目的とするのは「疫病退散」である。

もとはといえば平安時代、都では疫病が流行り死者が続出したため、貞観11（869）年、平安京にある広大な庭園・神泉苑に、当時あった国の数と同じ66本の鉾を立て、祇園社（現在の八坂神社）のご祭神である牛頭天王をお祀りし、祇園社から三基の御神輿を送り、災いが去ることを祈願したという。

牛頭天王とはインド伝来の神様で、日本では祇園社のご祭神であるスサノオノミコトと同体と考えられ、都に災いをもたらす疫病神の親玉と考えられていた。

ジメジメする梅雨時は、気温が上昇して細菌が繁殖したり、大雨で洪水が起きるなど、様々な要因で病気が蔓延して人々を悩ませる。そんな時期に、病気が流行る原因とされる「疫病神」を歓待し和ませ、良い気分にさせることで流行を防ごうとしたのだ。

豪華な山や鉾は疫病神を楽しませるため、また、山鉾が街を巡行するのは、神様が御神輿に乗って氏子の街中を練り歩く前に、街の穢れを払い清めるための「露払い」的な役割があるという。

京都ではこの粽を、玄関の入り口（軒下）などの見やすいところに付ける風習がある。家の中に置く所もあるが、この場合でもすぐに目に入りやすい所が良いとされる。なぜなら、この粽は目印だから。疫病神が家に入って来るのを除けるためのものであり、疫病神がすぐに目に入る所でなければ意味がないからだ。

祭の間しか手に入らない祇園祭の厄除け粽。ぜひ、各山鉾町を巡って粽を手に入れ「蘇民将来の子孫なり！」と堂々と門口に吊るして、疫病神を追っ払おう。

10 【明治の京都近代化の真実】京都御所を動物園にした男

●瀕死の状態になった京都

明治元（1868）年の明治維新といえば、新しい日本の夜明けとして一般には知られている。しかし千年の都、京都にとっては最大の危機に他ならなかった。江戸幕府15代将軍・徳川慶喜の大政奉還が実現すると、新政府内では遷都論が強まり、京の都では千人規模でのデモが起こるなど、人々は不安な日々を過ごすことになる。

なぜなら、都が遷って天皇が京を離れてしまうことは、御所との取引で生計を立ててきた商工業者らにとって死活問題だからだ。その上、幕末に起きた「蛤御門の変」で焼け野原になった京の街は、まだ完全には立ち直っていなかった。

新しくできた京都府からは、「天皇はたとえ何処に行かれても、千年住んで来られた京都を

天皇元服や立太子、節会などに使われた京都御所の紫宸殿（ししんでん）

特別に大切な場所として思っておられる」と不安をなだめるようなお達しも出たのだが、結局、明治2年3月、天皇東幸、すなわち天皇は京を離れ、東京に赴かれることが現実となってしまった。

意気消沈する京都府民。あの有名な和菓子の老舗「とらや」も、「天皇の御用を務めることが使命である」と京を離れ、東京に本拠地を移してしまった。公家たちや、それに付随して生計を立てていた人々も東へと流れていった。

明治維新前、30万人を誇っていた京都の人口は、数年で、約10万人も減ったという。そんな瀕死の状態だった京都に現れたのが、元長州藩士で、のちに第二代京都府知事となる槇村正直であった。

彼は、恐ろしい「禁じ手」を使って京都を立て直していくことになる。その禁じ手とは、「徹底的破壊」であった。

●槇村の強引な伝統破壊政策

槇村は、都でなくなってしまった京都を近代化によって建て直すためには、相当の荒療治が必要だと考えたようだ。新時代に対応するため、人々の意識をも改革しようと試みた。明治4（1871）年、槇村は街角の石仏を撤去する法令を出した。要するに、人々が暮らしの中で手を合わせていた街角のお地蔵さんたちを撤去せよというのである。信心深い京の人々にとっては信じられない政策であった。槇村の言い分はこうだ。

「人々の素朴な民間信仰こそが、近代化を妨げる障害となるのだ」

お地蔵さんを強引に撤去した跡地には、罰当たりなことに公衆トイレを設置した。こうした神をも恐れぬ勢いで、近代化政策は推し進められていった。

夏の終わりにご先祖様の霊をお迎えし、送り出すお盆の行事も禁止された。それに伴ってお盆の伝統行事である「大文字　五山の送り火」までもが〝根拠のない迷信〟として禁止されてしまった。この他、ひな祭りや七夕などの節句といった、ささやかな伝統も槇村は禁止していったという。

実は当時、明治新政府自体も国民の意識の大改革を進めていた。

新政府は王政復古の大号令で「神の子孫」である天皇中心の国家を建設していくわけだが、そのために出された「神仏分離令」が京都の街を混乱させた。例えば「祇園感神院」は「八坂神社」に改名させられたり、多くの寺社がお堂を取り壊す事態に発展した。

さらに、明治4（1871）年に出た「社寺上地《あげち》令」により、広大な寺領を持つ大寺院は境内地を除く大部分を失うなど大打撃を受けた。高台寺は9万5000坪のうち8万坪を、清水寺は15万6000坪のうち14万3000坪も上納させられたという。

疲弊した京都の社寺を槇村は見逃さなかった。豊臣秀吉が寺を集めて作ったという寺町通り。その東側に並ぶ寺院群の土地を削り取り、三条から四条にかけての南北約500メートルにわたる新しい通りを建設した。それが、現在、修学旅行生が必ず通る繁華街「新京極通り」である。幅5メートルの通り沿いには文明開化の香り漂う牛肉のお店や見世物小屋、当時まだ珍しい歯医者などができたという。

お寺にはさらに災難が続く。明治7（1874）年、槇村は近代化の象徴のひとつとして四条大橋を鉄製とする事業を進め、その建設費用をまかなうために、寺院に銅製の仏具の供出を命じたのだ。このため、由緒ある梵鐘などが差し出された。

この他、宇治の平等院も一時、2000円で売り出される予定だったという。

●京都御所を動物園に！

神や仏を恐れない槇村正直が、次に目を向けたのは、なんと「御所」だった。

明治4（1871）年、京都の有力商人らの手によって主催された我が国初の博覧会は、西本願寺を会場に、入場者約1万人を呼び込むことに成功し、翌年、官民合同での「京都博覧会」が始まった。

神をも恐れぬ改革派知事、槇村正直

西本願寺・建仁寺・知恩院を会場に、出品点数は第1回の約4倍の2400点余りに増加。内容も大いに改善され、入場者は4万7千人にのぼり、外国人も約1000人が入場するなど大成功となった。

そこで、槇村は、明治6（1873）年には、会場を御所と仙洞御所に移して開催することにした。しかし、物品展示や陶器の製造、西陣織の実演販売のほか、なんと、御所の一部に「禽獣会」、つまり動物園のようなアトラクションを設け、クジャクや七面鳥、ラクダ、野牛、クマなどを展示して人寄せをしたというのだ。

天皇が東幸して留守になった御所とはいえ、これまた畏れ多いことをするものである。

●近代京都の基礎を築いた男

こうした大改革や大事業を思い切り良く実現していくことができたのは、槇村が長州藩出身でこの地にしがらみがない、良い意味で「よそ者」だったからに他ならない。前述の新京極通りが現在も繁華街として続いているように、槇村の施策の多くは着実に実を結んでいった。

明治2（1869）年、新しい時代の人材育成にも力を注いだ槇村は、日本初の小学校を創立。これは、明治新政府が学制を発布するよりも3年も前のことである。

女子教育にも力を注ぎ、2013年の大河ドラマ『八重の桜』の主人公・新島八重が勤めた府立の女紅場《にょこうば》を設立し、視察に訪れた福沢諭吉に絶賛されている。

こうした槇村の京都府文化政策のブレーンは、八重の兄で元会津藩士の山本覚馬であった。

実は、同志社英学校を設立した新島襄の結婚相手に八重をすすめたのも槇村であり、京都に同志社を設立することにも大きく関わっていた。

理化学の教育機関である舎密局《せいみきょく》も作った。ここからは後に島津源蔵（初代）という人材が輩出され、ノーベル賞を受賞する京都の会社・島津製作所につながることになる。また、西陣織の復興のため人材をフランスに派遣し、ジャカードの導入によって西陣の近代化に成功するなど槇村は、京都の殖産興業にも大きな足跡を残しているのだ。

明治京都の一大事業である琵琶湖疏水も、次の知事の成果のように語られるが、実は青写真を描いたのは槇村だった。この水運を、運輸、灌漑用水、動力源確保のため、そして飲み水に利用しようと計画したのが彼だったのだ。

その強引な政策に評価が分かれる槇村だが、その「怖いもの知らず」の彼のお陰で、現在の京都があることは間違いない。

11 【幕末の烈しさを体感出来る場所】木屋町通りは暗殺ストリート

●なぜ、志士たちは京都に集まったのか？

京都の街を歩いていると時々、「もし、今タイムスリップができたら面白いだろうなぁ」と思うことがある。何層にも歴史が重なる千年の都・京都なら、飛んでいきたい時代はたくさんある。

しかし、幕末のこの場所にだけは、突然タイムスリップするのは御免被りたい。それが、現在、多くの飲食店が集まる賑やかな南北の通り「木屋町《きやまち》通り」だ。

なぜなら、この通りは「志士たちが駆け抜けた道」と呼ばれるほど、たくさんの幕末の志士が往来し、敵対勢力と斬り合いを繰り広げた道だからだ。特に二条から四条にかけての木屋町通りには、今も志士たちが烈しく生きた証が残っている。

木屋町通り沿いを流れる高瀬川には「高瀬舟」が浮かぶ

ペリーの黒船来航を受けて幕府の大老・井伊直弼が強行した、勅許無しの条約が締結されて後、尊王攘夷派の志士たちは急増、その活動は激化していく。幕府の力が弱まり、長く政局から遠ざかっていた京の朝廷の力が増すと、幕府は「公武合体」政策をとって連携しようとした。

しかし、「安政の大獄」で反井伊派の弾圧が強行されると、逆に恨みを買った直弼が桜田門外で暗殺されるなど、大混乱だった幕末日本。やがて政局の中心は帝のいる京都へと移り、幕藩体制を変えようとする志士たちが我先にと集うことになる。

中でも、精神的に朝廷、帝への尊崇があつい尊王派にとっては、幕府との公武合体などもってのほかであり、これを画策した岩倉具視らは尊王派志士らの目の敵となった。

また、帝に開国をすすめようとする者や、安政の大獄の協力者たちも、攘夷派の志士には煙たかった。こうした尊王攘夷派の志士たちが、剣の力で粛清、暗殺を始める。それが血なまぐさい「天誅《てんちゅう》」と呼ばれるものだった。

●木屋町で起こった天誅の数々

ここからは、地図を見ながら「天誅」を中心に、幕末から維新期にかけての暗殺、事件現場を見ていこう。

まず、木屋町通りが二条通りに突き当たる辺りに、竜宮門が印象的な善導寺がある。この門前付近で文久2（1862）年7月、**島田左近**が暗殺された。左近は関白九条家の側近であり、井伊直弼の謀臣・長野主膳らとともに安政の大獄で尊王派の志士たちの捕縛を指揮したことからターゲットとなってしまった。襲ったのは「幕末四大人斬り」と呼ばれた土佐藩の岡田以蔵、薩摩藩の田中新兵衛など、腕の立つ者ばかりであった。この暗殺が、京都での天誅第一号となる。

高瀬川に沿って木屋町通りを南下していくと、川に木舟が浮かんでいる。これが、森鴎外の小説で知られる高瀬舟だ。

大坂と京を結ぶ高瀬川は、慶長年間に角倉了以《すみのくらりょうい》の高瀬川開削に伴って開通した。江戸初期に、大坂や伏見から薪炭や木材が高瀬舟に積まれて集まり、材木問屋や材木商が倉庫や店舗を並べるようになったため、「木屋町」と呼ばれるようになったのだ。

高瀬舟がある辺りからさらに南下すると、川の西側に、桜の枝に隠れるようにして、**佐久間象山**と**大村益次郎**の遭難の碑が並んでいる。

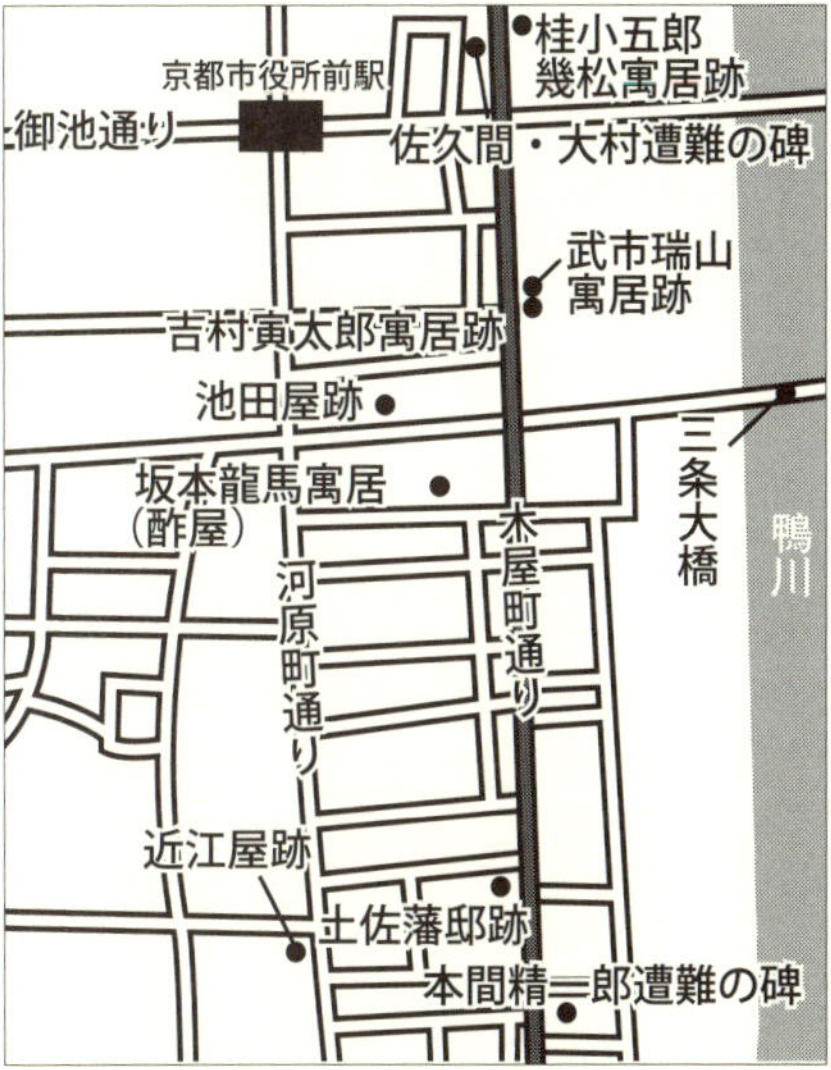

木屋町通りにある主な史跡。本文中にも太字で示した

佐久間象山は信濃松代藩士。洋学・砲術を学んで開国論を唱え、勝海舟、坂本龍馬、吉田松陰ら多くの俊才を教育した人物だ。

幕府の命で上京し、公武合体と開国論を唱えていた。西洋かぶれの印象から勤王の志士らの印象も悪く、元治元（1864）年、家の目と鼻の先で、熊本藩士・河上彦斎《げんさい》らによって暗殺された。

その約5年後、ほぼ同じ場所で襲われたのが大村益次郎だ。大村は、長州藩高杉晋作の推挙により軍事係に抜擢され、戊辰戦争などで活躍した人物。

明治新政府では兵部大輔となり、フランス軍をモデルとする近代的な軍を作ろうとしたため、明治2（1869）年、この通りにあった宿で不平派士族に襲われた。負った傷が深く、約2ヶ月後に死亡した。

木屋町通りを挟んで、象山らの碑のお向かいには、「幾松」という料理旅館がある。長州藩士・**桂小五郎**と夫人となった芸妓・**幾松**が、ここに住んだことを示す石碑もある。

御池通りを渡り南下すると、先程、遭難の碑を見た佐久間象山の寓居跡を示す石碑が木屋町通りの東側にひっそりとたたずんでいる。さらに南下すると、同じく通りの東側には、土佐勤王党の**武市瑞山（武市半平太）**の寓居跡を示す石碑と、天誅組で知られる**吉村寅太郎**の寓居跡を示す石碑が並んで建っている。

武市は土佐勤王党を結成して公武合体に反対するなど、京都における尊王攘夷運動の中心的人物で、岡田以蔵らに命じて過激なテロ行為をさせていた。のちに土佐に送られて獄中で切腹。

吉村は土佐勤王党を抜け、急進的公家の中山忠光卿を擁して天誅組を作り、大和国（奈良県）

で挙兵するが、戦死している。

そしてまた南下すると三条通りが見えてくる。

ここで三条通りを少し西に入ると、北側に新選組の名を一躍とどろかせた**池田屋**事件の現場を示す石碑が立っている。

数年前までここはパチンコ屋だったが、いまは、「池田屋」を名乗り、新選組を売りにした居酒屋が建ち、幕末、新選組ファンが集う場となっている。池田屋事件では、新選組局長近藤勇、沖田総司らが長州・土佐藩などの尊王攘夷派志士の集会に踏み込み、数十人の志士を捕縛という戦果を挙げている。

●海援隊本部も現存

木屋町通りに戻ろう。三条通りを過ぎ、最初の東西の道、通称「龍馬通り」を西に入った北側に、**坂本龍馬**が海援隊本部を置いた「酢屋」が今も残っている。酢屋は、現在も材木商であり、幕末の志士たちが見た木屋町の名残を感じさせてくれる。

海援隊は神戸海軍操練所で学んだ者たちが、龍馬が中心となって結成した有志集団だ。はじめは亀山社中として活動し、航海術を磨いた。高知藩は龍馬の脱藩を許し、社中を海援隊とし

龍馬が海援隊本部を置いた酢屋。現在も材木商を営んでいる

て長崎出張官の管轄ということで間接的に藩に属させ龍馬を隊長とした。なお、彼と一緒に暗殺された中岡慎太郎は陸援隊を任されていた。

当時、この地は京と大坂を結び、水運による人、物流も賑やかで、近くにある三条大橋は東海道の起点・終点だった。旅籠や行き交う人も多かったから、情報を駆使し、人混みに紛れて動き回る龍馬のような人物には持ってこいの立地だったのだ。

ここからさらに木屋町を南下すると、東側に旧・立誠小学校が見える。ここは、かつて土佐藩邸があった場所だ。

敷地の南端、蛸薬師通りを河原町通りに向かって西に進むと、北側に、元々藩邸内にあった土佐稲荷が今も慕われている。

また脱線したが、木屋町通りに戻ろう。土佐藩邸を少し南下すると、今度は東側に格子戸が美しい京町家がある。駒札が目印になるが、ここでは、越後浪士の**本間精一郎**が前述の岡田以蔵らに暗殺された現場である。

本間は、実は尊攘派であるのに、派手な行動から幕府側のスパイと間違われたとの説もある。木造家屋には、以蔵が残した刀傷もあるという。

いかがだっただろうか。

木屋町通りがいかに物騒な場所であったか感じてもらえただろうか。当時のここは都会のど真ん中。こんな場所で人斬りが横行していたのだから、幕末維新期の京都がいかに混乱していたかがうかがい知れる。

ぜひ、この木屋町通りを地図を片手に歩いてみて欲しい。距離感がわかると「近江屋で襲われた龍馬は、何とか土佐藩邸に逃げ込めなかったのか」など、色んな想いが押し寄せてくるだろう。

これぞ、歴史の醍醐味、京都を歩く一番の楽しみ方ではなかろうか。

12 【京都の夏の風物詩】「大文字焼き」と呼ぶ事なかれ

●決して口にしてはいけない呼び名

京都では毎年8月15日のお盆の翌日、8月16日夜に「大文字　五山の送り火」という行事が行われる。どういうものかは皆さんもご存知だろう。

午後8時、東山の如意ヶ岳、大文字山の「大文字」から始まって、松ヶ崎の「妙法」、西賀茂船山の「船形」、衣笠は金閣寺大北山の「左大文字」、そして嵯峨曼荼羅山の「鳥居形」という5つの形を山の斜面に次々に火の文字で浮かび上がらせるものだ。

この美しい光景をひと目見ようと、毎年、全国から観光客が集まる。

が、しかし、中にはこの行事を花火と同類の「火の祭典」「火が織り成すエンターテインメント」だと考えている人がいるようだ。いくら美しく夜空を照らしているからといって「玉《たま》

京都の夏を彩る大文字山の大文字と、それを眺める人々

屋《や》！」などと掛け声を掛けてはいけない。

ましてや、どら焼きか今川焼きかのように「大文字焼き」などと言うことなかれ。途端に京都の人から冷ややかな視線を向けられてしまうからだ。

なぜなら、この行事は、お盆にお迎えしていたご先祖様の霊（京都では「お精霊《しょらい》さん」と呼ぶ）を、お盆の行事が済んだ後、火とともにあの世にまた送り返すという厳かな宗教行事だからだ。

夜、飛行場の明かりを頼りに飛行機が舞い降りるのと逆の発想で、あの世へ再び旅立つお精霊さんに、帰る方向が分かるようにと灯す明かりなのだ。

なので、害虫駆除の野焼きのようなものでもないし、ましてや、焼き菓子でもないのだ。京都の人が大切にしている宗教行事だということを、是非知ってもらいたい。

●準備に一年かかる送り火

午後8時に点灯し、数十分で消えてしまう五山の送り火だが、それぞれの保存会の方々が、この日の数十分のために、なんと一年がかりで準備をされている。

特に草木が生い茂る春から夏にかけては、この「大」などの文字をかたどる火床《ひどこ》の周りの草刈りが大変だそうだ。

しかし、それだけではない。保存会は、他のシーズンも大忙しだ。

特に大変なのが、点火資材である「赤松」の確保だ。含まれる油分がちょうど良いため、杉や黒松など、他の木では駄目なのだ。最近はこの赤松探しが困難になっており、苗木を植えて育てる活動もしているのだ。

この活動は、真冬にも行われている。確保した赤松を松明の大きさに切っても水分が多いので、長期間にわたって乾燥させなければならない。そのため作業は乾燥した冬場に行うのだ。

その他、松食い虫の駆除や火床の見回り、管理など、一年中、8月16日のために地元の人々は心を砕いているのだ。そんな人々が、自分たちのご先祖様をお送りするための送り火だと知ったら、きっと「大文字焼き」と言ったり、「グラスの中に大文字を浮かべて飲む」などということが不謹慎に感じられ、心静かに手を合わせて眺めたくなるのではないだろうか。

●送り火ができなかったことも

長い歴史ある五山送り火には、近年だけでも色んな出来事があったようだ。

京都府は明治5（1872）年、文明の進歩を妨げるとして「盂蘭盆会ト称シ精霊祭等停止ノ事」という命令を出した。その中で、「送リ火ト号シテ無用之火ヲ流」として、送り火も規制の対象となる習俗とみなされてしまったため、地蔵盆など、盂蘭盆会と関わる行事全てが一時的に停止され、この処分は明治16（1883）年に取り消されるまで続いたという。

また、昭和18（1943）年から3年間、太平洋戦争末期にも、送り火が途絶えた時期があった。火を守っていた若者たちが戦地に赴き人手が足りなくなったり、また、空襲に備え「灯火管制」が厳しくなったためだ。代わってその年、夜ではなく、朝の大文字山に現れたのが「白い大文字」だった。

地元国民学校の児童と一般市民あわせて約800人が、白いシャツに身を包んで早朝の大文字山の火床に登り、午前7時から全員で戦意高揚と鎮魂の願いを込めて、人文字で「大」を描き、ラジオ体操を奉納したという。

送り火が復活できたのは、戦後、昭和21（1946）年のことだった。

「大」の字の一画目を形作る火床

●お祝いにも灯す五山の火

最初に「宗教行事の神聖な火」と書いたが、実は、「お祝いの火」として灯されることも稀にある。明治23（1890）年4月8日には、近代京都の象徴的事業である琵琶湖疏水の竣工祝賀夜会で大文字が灯されたという。

翌明治24（1891）年には、ロシア皇太子の入洛を歓迎して5月9日、全山で点灯（大津事件はその直後5月13日に起こっている）。

そして、記憶に新しいところでは、平成12（2000）年の大晦日午前9時から、21世紀の幕開けを記念して五山の送り火が点灯され、文字通り「盆と正月が一緒に来た」こともあった。

送り火は、本来はご先祖を想い、手を合わして拝む火である。

しかし、京都の人にとって、とっておきのお祝いの時にも灯すこともある、そんな大切な大切な心のこもった火なのである。

第二章　その時、京都で歴史が動いた

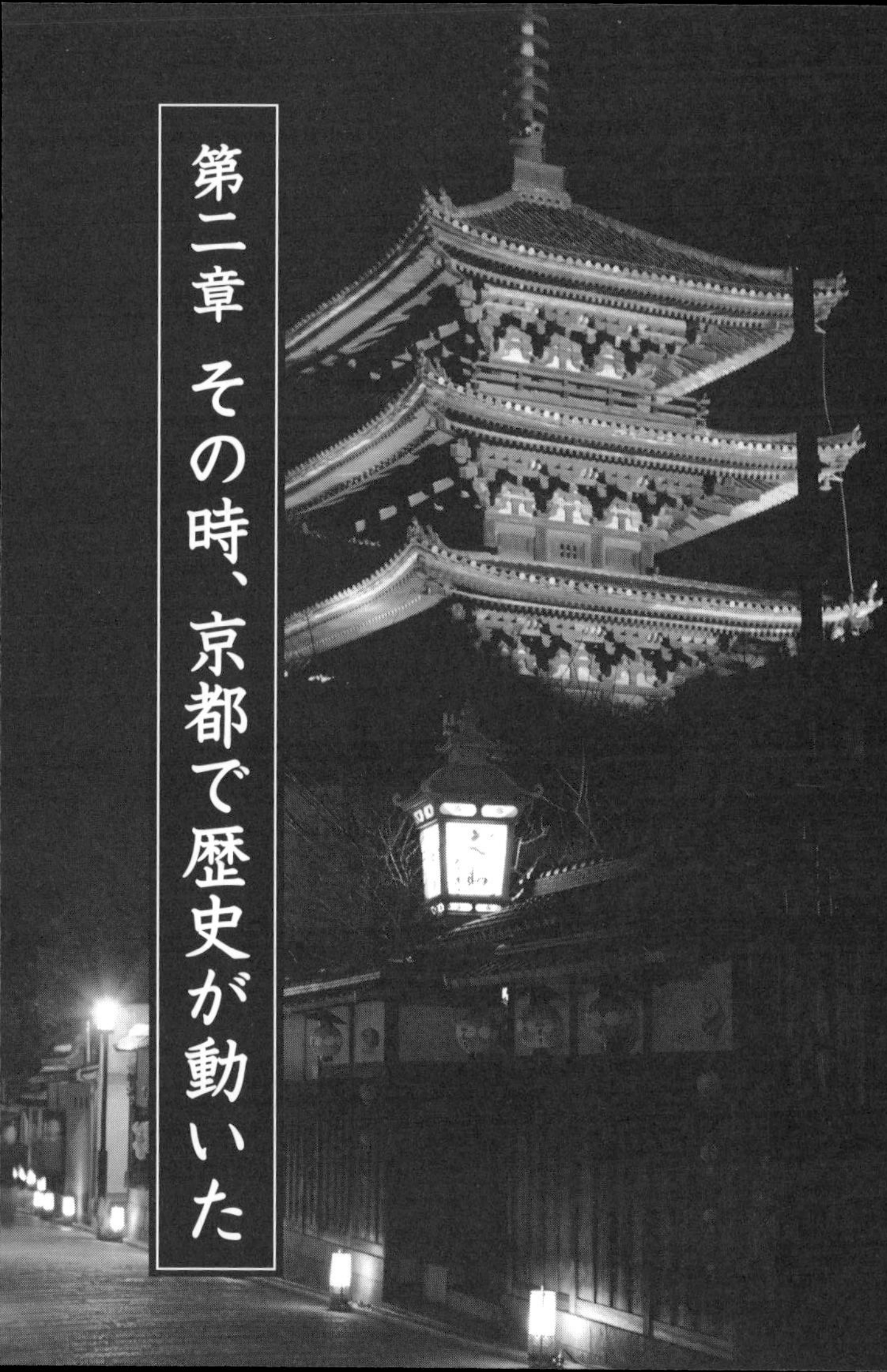

13 応仁の乱、そのはじまりの地

【結婚式の前撮りスポットとして人気だが……】

●幸せなおふたりには悪いのですが……

近年、京都の有名社寺で結婚式を挙げる若者が増えている。豪華絢爛な打ち掛けをまとった花嫁さんたちに人気なのが「前撮り」だ。結婚式当日は何かと忙しいので、事前にゆったりとした気分で、最高に美しい花嫁姿を撮影する事に集中できる。

その撮影の穴場として業界で有名なのが、上京区にある上御霊《かみごりょう》神社だ。

延暦13（794）年、崇道天皇を祀ったのが始まりとされ、国家や民の守護の社として朝廷と民間の崇敬を集めてきた神社だ。5月18日の祭礼では、鉾、御輿、牛車の行列が練り歩く。

静かな境内、風格ある門、そして社殿。背の高い木々は特に紅葉のころ美しい。散り紅葉をじゅうたんのように敷き詰めて撮影にのぞむカップルを何度も見かけたことがある。

紅葉の絨毯を踏みしめ、撮影に望むふたり

観光客も多くはなく、地元の人に親しまれている神社ならではの静かで、こぢんまりとした雰囲気が挙式目前の彼らを和やかにしてくれるのだろう。

「きっとおふたりにとって、ここは想い出の場所になるのだろう」、そう横目で見ながら、でも、この真実を知ったら――と、筆者は少し気が重くなることがある。

というのも、この地はかつて京の都を焼き尽くし、日本に戦国時代を到来させた、かの「応仁の乱」の勃発地だからだ。

●応仁の乱はここで始まった!

応仁元(1467)年正月17日、この御霊の森で、管領《かんれい》畠山家の家督争いが始まった。これが、足かけ11年にわたる長い長い戦いの始まりになるとは、誰も予想できなかっただろう。

管領とは室町幕府の役職で、将軍を補佐する権限を持つ。有力武家がその役職を担ってきたが、そのひとつである畠山家では少し前から義就《よしなり》と、従兄弟の政長《まさなが》とが跡目争いを続けていた。

当初は劣勢だった畠山政長だったが、幕府の実力者で管領を三度も務めた細川勝元を頼ると次第に有利に戦を進めるようになる。すると今度は義就側に、勝元と不仲だった大大名・山名宗全が応援に入り、畠山家の従兄弟同士の戦だったのが、日本を代表する守護大名同士の大合戦に発展してしまった。

応仁元年正月2日、ついに義就が、時の将軍・足利義政から、畠山家を正式に継ぐ者として認められる。実は山名宗全が裏から手を回し、将軍の妻・日野富子に働きかけていたのだった。

不満を爆発させたのは畠山政長だ。自邸に火を放つと17日、この上御霊神社の林に約2000の兵を率いて陣を張った。翌18日早朝には、これに義就が3000余りの兵で攻撃を仕掛け、終日激しい戦闘が続いた。

この時、義就方には巨大勢力の山名宗全が加勢したが、政長方が頼みとする細川勝元はこの段階では静観、まる一日の合戦ののち、政長方は敗退してしまった。これが、応仁の乱最初の合戦であった。

応仁の乱で雌雄を決すべく争った山名宗全（左）、細川勝元（右）

ここで終われば良かったのだが、事態はもう畠山家だけの問題ではなくなっていた。

折り悪く足利将軍家の跡目争いも絡み、その点においても対立していた細川、山名両陣営は戦時体制をかため、5月には上京を中心に全面的な戦闘に突入していくことになる。

●東陣はどこに？

細川勝元率いる東軍は、現在の室町今出川上ル一帯にあったという「花の御所」と呼ばれた室町御所を本陣とした。そして、御所を中心に「御構《おんかまえ》」という防御陣地を築く。土塁と堀で囲んだその範囲は、北は寺之内、南は一条、東は烏丸、西は小川通りという広範囲だった。ここに勝元は、帝や公家、武家や町人などを避難させて守った。

御構の外は西軍が囲んでいたが、唯一、北からの通路を使って、比叡山延暦寺と連絡を取り合っていたという。

対する山名宗全は、勝元の本陣の〝西側〟約500メートルにある自邸を本陣とした。花の御所の西に陣取ったから〝西陣〟。これが「西陣」という地名の由来なのだ。

従って〝東陣〟のあった場所は「花の御所周辺」となるが、西陣のように地名としては残っていない。おそらく御所とは違い、わざわざ「山名邸の東にあるから東陣」とは言わなかったからではないだろうか。なお、山名邸があった堀川今出川付近に、「山名町」という町名が今も残っている。

ちなみに、応仁の乱の後、堺（大坂）などに避難していた機織り職人たちが京都に戻り、西軍本陣跡付近にて、織り手の集団「大舎人《おおとねり》座」が組織された。永正10（1513）年には足利幕府により、将軍家直属の織物所に指定され、彼らが織り上げる高い技術の織物を「西陣織」と呼ぶようになった。

●洛中洛外、皆焼けた

応仁の乱は、11年もの長きにわたる戦いであったため、都のあちこちに傷跡が残った。特に、南禅寺付近や東岩倉山、相国寺、そして船岡山の合戦などが知られている。茶道の聖地（小川通寺之内付近）にある百々橋《どどばし》の戦いも有名だ。

清水寺や建仁寺など名だたる寺院も焼かれている。その後、山科や醍醐、鳥羽など洛外での戦いが増え、やがて戦局は地方に広がっていった。

しかし戦いの最中、細川勝元と山名宗全が亡くなると、諸大名も領国に引き揚げ、文明9（1477）年、乱はついに終わりを迎えた。長く続いた戦乱は、それまでの身分やしきたりなどを破壊し、土地の支配関係にも変化をもたらした。やがて、身分の下の者が実力で上の者を倒す、下克上の時代が到来するのである。上御霊神社で「前撮り」したカップルも、この歴史的現場を選んだだけに、夫婦間の力関係において、これからの長い戦い、いや夫婦生活の中で「下克上」が起こるかも知れない。

14

【南蛮寺から実況中継】

宣教師は見た！ 本能寺の変

●本当の事件現場は？

応仁の乱後、下克上で入り乱れた日本国に、突如としてスーパーヒーローが現れた。「天下布武」を掲げた織田信長だ。しかし、天正10（1582）年6月2日、京の本能寺において、配下の明智光秀の謀反に遭い自害した。享年49。

寺町御池の京都市役所前にある本能寺では、修学旅行生たちが「ここが本能寺かぁ、すごい！　ここで信長は死んだのか！」と騒ぐ姿を目にする。彼らには悪いが、そこは事件現場ではない。本能寺の変後、天下人となった豊臣秀吉が、本能寺を移築した場所に過ぎない。

本当の事件現場はここよりもっと南西で、中京区蛸薬師通油小路東入ル元本能寺南町辺りと分かっている。現在、京都市立堀川高等学校本能館が建っている辺りだ。

日本史上トップ3に入るほどの大事件の現場であるはずなのに、その事件の大きさを考えると、この地を訪れる人はまだまだ少ないのではないかと筆者は感じている。

そんな中、平成25（2013）年6月2日、まさに本能寺の変が起きた日、この地に「信《しん》長《ちょう》茶《さ》寮《りょう》」という名の施設がオープンした。信長に想いを馳せながらお酒が飲めるバーや、信長ゆかりの安土の食材を使った料理を楽しめる他、なんと地下には、安土桃山時代の地層まで掘り下げ採取した焦土も展示しているという。

焦土には、本能寺の木材も含まれているらしく、あの燃えさかる本能寺で全てを見聞きし、もしかすると信長たちもこの一部になっているかも知れないと思うとゾクゾクする。これを機に、少しでも、本当の事件現場を訪れる人が増えることを願っている。

●『信長公記』の信長の最期

ところで、天正10（1582）年6月2日早朝に起きた本能寺の変について、詳細をご存知だろうか？　信長研究の基本資料とされるのが『信長公記』。足利氏を奉じて上洛後、本能寺で横死するまでの15年の覇業を、一年一巻で記した軍記で、信長に仕えた武将であり軍記作者である太田牛一《ぎゅういち》の作だ。

そこには信長の最期について、だいたい次のようなことが書かれている。

既に、信長公御座所、本能寺取り巻きの勢衆、五方より乱れ入るなり。信長も、御小姓衆も、当座の喧嘩を、下々の者ども仕出し候と、おぼしめされ候のところ、一向さはなく、鬨《とき》の声を上げ、御殿へ鉄砲を撃ち入れ候。

つまり信長たちは当初、下々の者たちがちょっとした喧嘩をして騒動になっている、くらいに考えていたようだ。しかし、鬨《とき》の声があがり、鉄砲の響きを聞くに及んで、ようやく事の重大さに気付く。

是れは謀叛か、如何なる者の企てぞと、御諚《ごじょう》のところに、森乱申す様に、明智が者と見え申し候と、言上候へば、是非に及ばずと、上意候。

これは謀反なのか？　誰の仕業だ？　と信長が問うと、小姓の森蘭丸が「明智の者と思われます」と答え、信長の有名なセリフ、「是非に及ばず」と続くのだ。

そこからは信長の奮戦が描かれる。

> 信長、初めには、御弓を取り合ひ、二・三つ遊ばし候へば、何れも時刻到来候て、御弓の弦切れ、その後、御鎗にて御戦ひなされ、御肘に鎗疵を被り、引き退き、これまで御そばに女どもつきそひて居り申し候を、女はくるしからず、急ぎ罷り出でよと、仰せられ、追ひ出させられ、既に御殿に火を懸け、焼け来たり候。御姿を御見せあるまじきと、おぼしめされ候か。殿中奥深入り給ひ、内よりも御南戸の口を引き立て、無情に御腹めさる。

ひっそりとたたずむ本能寺跡

信長ははじめ、弓をとって2、3本射ったが、弦が切れてしまい、その後、槍をもって戦うも肘にも傷を受けたため退いた。そして、ここまで側についていた女性たちに「苦しゅうない。急いで逃げよ」と追い出し、建物に火をつけた。姿を見せてはならないと思ったのか、信長は建

自ら弓を取り、戦ったという織田信長

物の奥に入り、内側から戸を閉ざし自刃した——。さすが第一級の史料なだけあって、当日の様子がよく伝わってくる。

　この他、明智軍のひとりとして本能寺に攻め込んだとされる本城惣右衛門《そうえもん》が残した覚書《おぼえがき》には「門は無防備に開き、人の気配もなかった。先に進んでも広間にも人はおらず、蚊帳ばかりが吊られていた」と書かれている。旧暦6月2日は新暦だと7月1日だ。蚊も飛ぶ季節であろう。本当に無防備な状態の所を不意打ちされたことが分かる。

●宣教師は見た！　信長の最期

　しかし、驚くべきことに、さらに詳細に当時の様子を記録していた人物がいた。当時、信長の庇護下にあったイエズス会の宣教師たちである。彼らはまるでワイドショーの事件現場リポーターのように、大事件について書き残している。宣教師ルイス・フロイスによる『日本史』

の記述を松田毅一・川崎桃太訳（中央公論社）から引用してみる。

明智の軍勢は御殿の門に到着すると、真先に警備に当たっていた守衛を殺した。内部では、このような叛逆を疑う気配はなく、御殿には宿泊していた若い武士たちと奉仕する茶坊主と女たち以外には誰もいなかったので、兵士たちに抵抗する者はいなかった。

そしてこの件で特別な任務を帯びた者が、兵士とともに内部に入り、ちょうど手と顔を洗い終え、手ぬぐいで身体をふいている信長を見付けたので、ただちにその背中に矢を放ったところ、信長はその矢を引き抜き、鎌のような形をした長槍である長刀という武器を手にして出て来た。

そしてしばらく戦ったが、腕に銃弾を受けると、自らの部屋に入り、戸を閉じ、そこで切腹したといわれ、また他の者は、彼はただちに御殿に放火し、生きながら焼死したと言った。だが火事が大きかったので、どのようにして彼が死んだかは判っていない。我らが知っていることは、その声だけでなく、その名だけで万人を戦慄せしめていた人間が、毛髪といわず骨といわず灰燼に帰さざるものは1つもなくなり、彼のものとしては地上になんら残存しなかったことである。

『信長公記』に比べ、フロイスによる『日本史』の記述は、まるで見て来たかのようである。なぜ、こんなにも詳しく描写できるのか？　それは、宣教師達がいた「南蛮寺」というイエズス会の教会が、本能寺からわずか一町（約110メートル）のところにあったからだった。

その朝、南蛮寺にいた宣教師フランシスコ・カリオンは、ミサの準備をしていたところ、駆け込んできた信者たちや、周囲の騒がしさで事件を知る。

その距離なら、鬨の声も銃声も聞こえてきたことだろう。火の粉だって飛んでくる距離だ。そして、至近距離で事件を目の当たりにした人々からの伝聞も交えて後にフロイスに報告したものが、『日本史』の中に記されているのである。

1973（昭和48）年に発掘された南蛮寺礎石は同志社大に移築

信長が、暢気に顔を洗い、最初、敵に背中を見せてしまった点などは、『信長公記』にはない部分。「その声や名前だけで泣く子も黙った信長が、この世に髪の毛一本、骨一本残さずに灰になってしまった」という表現も、フロイスならではの描写だ。

　この南蛮寺があった場所は、現在、蛸薬師通室町西入ル北側の姥柳町にあたり、歴史を物語る石碑や札が建っている。天正4（1576）年に建てられた南蛮寺は、木造瓦葺きで三階建てであったことが、狩野宗秀筆の洛中洛外図から判っている。しかし、豊臣秀吉のバテレン追放令により南蛮寺も破壊され、ついにこの地に復興されることはなかった。

　都における南蛮文化の中心地であったこの辺りは、華やかな祇園祭の山鉾町でもある。姥柳町が受け持つ「布袋山」は、幕末の大火などで懸想品《けそうひん》（装飾品）や山鉾を焼失し、その後も復活できていないため、山鉾巡行には参加できずにいる「休み山」のひとつである。しかし、宵山の時だけご神体などを飾り「居祭り」をして、山鉾町の誇りを維持している。近年、懸想品のひとつが発見され、地道に復活への道を歩んでいるという。

　もし、祇園祭でこの辺りを歩いたら、巡行参加を夢見る布袋山とともに、『信長公記』や『日本史』の信長の最期を思い出してみて欲しい。つわものどもが夢の跡――今となっては当時を偲ぶものは残っていないが、目を閉じれば鮮やかな情景が浮かび上がってくるはずだ。

15 ワケあり建材の裏に忠臣あり

【血染めの手形、足形が……】

●不思議な運命の寺・養源院

東山区三十三間堂のお向かいに「養源院」というお寺がある。ここが、戦国時代を気丈に駆け抜けた浅井三姉妹ゆかりの寺と知る人は少ないだろう。

浅井三姉妹とは、近江の戦国武将・浅井長政と戦国一の美女とうたわれた織田信長の妹・お市の方との間に生まれた三姉妹のことで、上から茶々（淀殿）、初（常高院）、三女が、大河ドラマの主人公にもなった江（崇源院）といった。

養源院を最初に建てたのは、三姉妹の長女・淀殿だった。当時、彼女は豊臣秀吉の側室となっており、前年には待望の男児・秀頼を出産していた。そのこともあってか、父・浅井長政の21回忌供養のためにと、秀吉に願い出て創建されたのだ。

養源院本堂前には見事なしだれ桜が見られる

当時、側室の実家の菩提寺を建立することは珍しいことだったようだ。寺の名は、父・長政の院号に由来する。しかし、元和5（1619）年、火災で焼失。

その後、元和7（1621）年にこの寺を再興したのが、三女の江。徳川二代将軍秀忠の正室となっていた。既に6年前の慶長20（1615）年には、大坂夏の陣により、姉・淀殿は、息子秀頼とともに大坂城で自害していた。

豊臣に嫁いだ姉が建てた寺を、豊臣を倒した徳川に嫁いだ妹が再興し、江戸時代、徳川家の菩提寺になるという不思議な運命を背負った養源院。

見どころはたくさんあり、特に俵屋宗達による杉戸絵は必見だ。宗達が描いた襖絵「松図十二面」や、白象、唐獅子、麒麟を描いた杉戸絵があり、すべて重要文化財に指定されている。

そんな中にあって異彩を放つのが、「血天井」と呼ばれる天井である。天井板に、血で染まった人の手脚の跡や、顔が映し出されているという、何とも気味悪い話である。

しかし、この天井には、こんなワケありの建材を使うだけあると納得できる、ある戦国武将の忠義の働きが伝えられている。

徳川家の忠臣・鳥居元忠

●忠義の武将・鳥居元忠

その武将の名は、鳥居元忠。徳川家康がまだ幼い頃、今川家に人質に出されていた頃からの側近で、家康から生涯にわたり信頼されていた男である。

豊臣秀吉がこの世を去って2年後の慶長5（1600）年、家康は豊臣家家臣・石田三成と激しく対立していた。そんな折、家康が会津の上杉家を討伐するため、畿内を離れることになった。一説には三成に背中を見せることで、挙兵させおびき出すための策略だったともいわれる。

出兵前の6月半ば、大坂を出た家康は、伏見城で元忠と酒を酌み交わし、この要衝を彼に託した。大坂の三成が挙兵すれば、真っ先に襲われるのは伏見城であることは、誰の目にも明らかだった。にもかかわらず、多くの兵を残さず、ここを捨て石にしていくことを家康は詫びた。老臣はこう返したという。

「天下の無事のためならば、自分と松平氏で事足ります。将来、家康殿が天下を取る時には、ひとりでも多くの家臣が必要なはず。もし、ここに三成方の大軍がやってきたならば、火をかけて討ち死にする他ないので、多くの兵をここに残すことは無駄になる。したがって、ひとりでも多くの家臣をこの城から連れ出して下さい」

主従の今生の別れである。ふたりは遅くまで語り合ったという。

そして7月半ば。果たして三成は家康に対する弾劾状を叩き付け、伏見城の明け渡しを要求してきた。伏見城攻めの総大将は宇喜多秀家、副将は小早川秀秋。総勢約4万の兵が城を取り囲み19日、総攻撃が始まった。対する元忠の兵力はわずかに1800名程。それでも元忠は力の限り奮戦した。

思わぬ反撃に西軍は手を焼いたが、城内にいた甲賀衆《こうかしゅう》らの裏切りにより、伏見城の櫓が炎上。

こちらは源光庵の血天井。血染めの足跡がくっきり見える

最後の最後まで諦めなかった元忠だったが8月1日、ついに最期の時を迎えた。

本丸にいた鳥居家の家臣およそ350人余は討ち死に、または自刃するなど壮絶な最期を遂げたという。

元忠の伏見城が約10日間にわたり持ちこたえたことは、西軍にとって予想外の展開だった。その後の美濃、伊勢方面に対する攻略が大幅に遅れる原因となり、敗戦の一因になったともいわれる。

落城の知らせは、江戸にいた家康のもとに8月10日に届いた。三成との対戦を前にしては、屍を弔ってやることもできない。涙をのんだ家康は、9月15日の関ヶ原の合戦を迎え、見事に西軍を打ち破ったのであった。

●忠を讃えた家康

戦後、自らのために伏見城で壮烈な最期を迎えた元忠を、家康は忠臣として讃えた。元忠らの血で染まった床板は丁重に扱われ、各地で再利用されることになる。そのひとつが、徳川家の菩提寺であり、二代将軍の正室・江が再興を願い出た養源院本堂なのである。彼らの魂を成仏させるため、足で踏みつける床ではなく、天井の部分に使われた。それが「血天井」なのだ。

ちなみに、養源院で関係者に解説を受けると「ここに鳥居元忠公の顔の形が写っている」と長い棒で天井を指し示してもらえる。

この伏見城の戦いで奮戦した人々の血が染み込んだ遺構は、京都のあちこちの寺院に移築され、養源院以外でも「血天井」を見ることができる。

ひとつは、左京区大原三千院の参道奥にある宝泉院、そして北区西賀茂にあり、比叡山を臨む借景庭園が有名な正伝寺、また、北区鷹峯にあり、円と四角の窓で「悟り」と「迷い」を表す源光庵でも血天井は有名だ。

また、京都市以外では、宇治市の興聖寺、八幡市の神應寺でも見ることができる。「血天井」なる響きは怪談を連想させるが、その裏にはひとりの忠臣の命がけの戦いがあったのだ。ちなみに、元忠の遺体は、伏見城での戦の後、こっそりと運び出され、百萬遍の知恩寺に手厚く葬られている。

16

【イチャモンつけて追い落とす】

家康の執念 方広寺鐘銘事件

●大坂の陣のきっかけとなった鐘

関ヶ原の合戦で勝利し、慶長8（1603）年に征夷大将軍に任ぜられた徳川家康にとって、天下取りへの最後の障壁は豊臣家であった。本項では、その家康の非情さ、冷酷さについてご紹介しよう。

東山七条に京都国立博物館があるが、その北側に地元では「ホウコクさん」と親しまれる豊《とよ》国《くに》神社がある。ご祭神は豊臣秀吉だ。さらに境内の北側は方広寺と隣接しており、お寺の鐘楼がすぐ見えてくる。この鐘こそが、歴史を大きく動かした、世に言う「方広寺鐘銘事件」の発端となった鐘である。

この鐘を作った豊臣家に対し、鐘の銘、つまり刻まれた言葉の中に「国家安康」「君臣豊楽」

という不適切な文言があると徳川幕府が言いがかりを付けてきた。「家康公の名前を二つに分断するとは何ごとか」というのである。とんでもない難癖だ。しかし、これがきっかけで、事は「大坂の陣」へと発展し、豊臣家は滅びるのであった。

●秀吉の都市計画

豊臣秀吉は、生前からこの東山の麓一帯を、豊臣家の一大宗教空間にする計画を持っていたようだ。天正14（1586）年、50を回った秀吉は、奈良の東大寺に匹敵する大仏の建立を計画、奈良の大仏より約3メートル高い、高さ約19メートルの木製金漆坐像の大仏を造営した。

しかし、慶長元（1596）年に起きた大地震により、開眼供養前の大仏は倒壊。そして、秀吉は法要の日を迎えることなく、慶長3（1598）年、63歳でこの世を去った。秀吉の死は世間には伏したまま、大仏のいない大仏殿で、開眼供養が執り行われた。

●後を継ぐ息子・秀頼

未完のままの大仏造営を継承したのは秀吉の子・秀頼であった。それは、意外にも徳川家康の強い奨めによるものだった。そこには、秀吉亡き後の豊臣家に残された金銀を大仏建立など

方広寺の鐘（左）と、そこに刻まれた「国家安康」「君臣豊楽」の文字（右）

で使い果たさせ、豊臣家の力を弱めようとする家康の狙いがあった。

慶長17（1612）年に、大仏はついに完成。2年後には梵鐘も完成し、南禅寺の高僧に銘文を起草させ落慶法要を行おうとしたところ、前述のように家康から難癖を付けられ法要中止を余儀なくされたのであった。

●墓をも潰す　家康、執念の嫌がらせ

家康の豊臣家への露骨な敵対心は、実はもっと以前にも見られた。

秀吉には秀頼より前に息子がいた。淀殿が最初に産んだ鶴松だ。が、わずか3歳で病死してしまう。悲しみに暮れた秀吉は、大仏のすぐ側に祥雲寺という寺を建立。現在、国宝に指定されている長谷川等

伯の桜楓図は、この祥雲寺の客殿を飾っていたものだ。

しかし、関ヶ原の戦いに勝利した家康は、翌年、亡くなった秀吉を神として祀る豊国神社の土地建物の一部を、事もあろうか、秀吉が生前対立していた紀州根来山の塔頭・智積院に与えてしまった。それは秀吉への冒涜に値した。

それだけではない。大坂の陣で豊臣家が滅びた途端、家康は、祥雲寺の寺地を智積院に与えたのだった。祥雲寺を追われた住職は、鶴松の像を背負って妙心寺の塔頭に避難したという。そのため、幼い鶴松が遊んだ玩具類などは、今も妙心寺の塔頭に伝わる。

家康の執念は徹底していた。豊臣家滅亡後、家康は、なんと京の東山阿弥陀ヶ峰にあった秀吉の墓や神社を破却しようとした。

これには家康のブレーンを務めた僧たちが反対し、また秀吉の正室・おねが家康に掛け合い「崩れ次第」、つまり修理することなく放置することを条件に、豊国社はかろうじて規模を縮小して残る事となったが、神号「豊国大明神」は廃止され、「国泰院俊山雲龍大居士」に改められ、次第に衰退していくことになる。

大坂の陣以前、二条城で秀頼と面会するために上洛した家康は驚いた。秀吉亡き後も、京雀たちの間の豊臣人気は衰えていなかったのである。その京の街を秀吉の御霊が見下ろし、守護するかのように鎮座するなど、家康には許されないことだったのだろう。

秀吉の死の翌年に創建され、約20年で姿を消した豊国神社は徳川の治世の間ずっと忘れ去られていた。しかし、明治13（1880）年、新政府により、かつて方広寺の大仏殿が建っていた所に社地を移し、現在の地に豊国神社が造営された。この計画が持ち上がったのは、明治元（1868）年、ちょうど薩長ら倒幕勢力が幕府を倒そうとしていた中で、反徳川のシンボル的存在として豊臣秀吉が選ばれたことがきっかけであった。

明治30（1897）年、秀吉の300年忌で廟宇が再建、五輪石塔が建てられた。

京都ではこんなわらべ歌が今も伝わっている。

京の　京の　大仏つぁんは　天火《てんび》で焼けてなァ　三十三間堂が　焼け残った
ありゃ　ドンドンドン　こりゃ　ドンドンドン　うしろの正面　どなた

建てては焼け、建てては壊れるものの、今も子供たちに歌い継がれる秀吉が建立した京の大仏さま。家康が、どんなに執念深くこの世から秀吉の存在を消し去ろうとしても、秀吉が京の街にいたことは、人々の記憶から消えることはなさそうだ。

17

【浪士たちの運命を決めた円山公園】

忠臣蔵　討ち入りは京都で決めた

●討ち入りを決めた場所とは？

東山区にある円山《まるやま》公園といえば、京都屈指の桜の名所だ。美しさの中に怪しささえ感じられる祇園の枝垂れ桜に人々は酔いしれる。この円山公園は、明治維新までは祇園感神院や安養寺というお寺の敷地であった。現在の円山公園は、廃仏毀釈で明治新政府に没収された土地が、明治19（1886）年に公園として生まれ変わったものなのだ。

実は江戸時代、この京都を代表するお花見スポットにおいて『忠臣蔵』で有名な赤穂浪士たちが重大な決断を下していた。それは「主君の仇、吉良上野介を討つ！」。そう、あの吉良邸討ち入りを決めたのが、この地だったのだ。

実際に赤穂浪士たちが決断をした場所は、円山公園の奥の方、東山の麓。現在も安養寺が残っているが、この寺にはかつて6つの坊があった。そのうち、料亭「左阿彌」のみが残っているが、赤穂浪士たちは、重阿弥《ちょうあみ》という寺に集まって重大な会議を開いた。世に言う「円山会議」というもので、集まったのは、吉良邸討ち入りの約5ヶ月前、元禄15（1702）年7月28日だった。

●松の廊下事件とは

なぜ江戸で決行する仇討ちを、京都の円山で決定することになったのだろうか？

それには、仇討ちの発端となる事件からの浪士たちの動きを知る必要がある。

元禄14（1701）年3月14日、5万石の赤穂藩主・浅野内匠頭長矩《ながのり》が、高家《こうけ》筆頭・吉良上野介義央《よしなか》を江戸城内の松の廊下で斬りつける事件が起こった。そして十分な取り調べの時間もないまま、浅野内匠頭のみが、その日の夕方、切腹した。

その知らせは、早駕籠によって遠く赤穂（兵庫県）にもたらされた。知らせを受けた国家老の大石内蔵助は、ただちに藩士達を城に集め、今後の対応を話し合った。

当初は吉良の生死が分からず、籠城か、切腹して抗議するか意見が分かれた。事件の3日後、3月17日には赤穂の江戸屋敷が没収されている。赤穂の城も明け渡さねば、受取を命じられた

円山公園名物の枝垂れ桜。この近くに忠臣蔵の歴史的現場はある

大名から城攻めに遭ってしまう。

　3月末になって「吉良存命」の報が届く。「喧嘩両成敗が原則なのに、不公平ではないか」という意見が相次いだ。

　すぐ吉良を討とうという者もいれば、吉良にしかるべき処分が下されるまで、城は明け渡すわけにはいかない、という意見も出てきた。

　大石内蔵助が最初に出した結論は「切腹」だった。幕府の検使の前で切腹し異議申立てをすれば、聞き入れてもらえるのではないか、という意見だった。これに賛成した約60人が、誓いの文、神文《しんもん》を提出した。

　神文とは約束の言葉を書いた前書と、それを破った場合、いかなる神仏からの罰も受けるという誓いの言葉を書き血判を押すもので、紀伊国の熊野神社

討ち入りを成功させた大石内蔵助

などが発行する牛王宝印《ごおうほういん》の裏に書くことが多かった。

ところが、ほどなく内蔵助はこの案を引っ込めてしまう。切腹を提案したのは、本気で自分に付いてくる人物を見極めるための方便だったという説もあるようだ。

紆余曲折の末、4月12日、大石内蔵助は赤穂城を明け渡す決意をした。

浅野家の本家にあたる、広島浅野家をはじめとする一門の大名から、城を明け渡すよう指示が出ていた以上、他家に迷惑をかけるわけにはいかなかったのだ。しかし、吉良は生きているのだから、これで終わるわけにはいかない。

臨時とはいえ藩のトップに立つ者として、内蔵助は浅野内匠頭の弟・浅野大学による御家再興と吉良への処分を幕府に申し立てた。

●江戸急進派との確執

赤穂城明け渡しの後、残務整理を終えた内蔵助は、6月に赤穂を引き払い、京都・山科へ移り住んだ。ここで御家再興を待ったわけだが、それを良しとしない一派があった。「高田馬場の決闘」で有名な武闘派・堀部安兵衛を中心とする「江戸急進派」だった。

堀部は、『堀部武庸《たけつね》筆記』という詳細な記録を残しており、討ち入りを決めるまでに彼と大石との間で交わされた手紙の内容が書き留められ、貴重な史料となっている。

江戸に戻った堀部らは、上方にいる内蔵助たちよりも、ずっと風当たりが強かったようだ。江戸では、討ち入り直後から、赤穂の武士たちはいつ吉良を討つのか、という噂で持ちきりだったからだ。腰抜け呼ばわりされ、近くに居るのに何も出来ない堀部らの武士の一分、プライドはズタズタだったはずだ。

しかし、一向に「待て」としか言わない内蔵助に江戸急進派は苛立ちを募らせていく。

そんな中、元禄14（1701）年8月19日、吉良上野介は、鍛冶橋から町外れの本所へと屋敷替えを命じられた。

隣に住む蜂須賀家が、いつ旧赤穂藩の浪士たちが吉良邸に討ち入るか気が気でなく、昼夜、厳戒態勢を敷いて疲弊したため、内々に幕府に嘆願した結果といわれている。江戸の人々は、この屋敷替えを「これは、幕府が旧赤穂藩士たちに吉良を討てと言っているようなものだ」とも噂したようだ。それでも大石は「待て」の一点張り。だが、10月には内蔵助自らが江戸へ下り、討ち入りをはやる堀部らをなだめた。そして、主君内匠頭の一周忌である3月前後を目途に決断することになった。

しかし、またもや事件が起こる。12月、吉良上野介の隠居願いが認められ、跡目を上杉家からの養子・左兵衛義周《さひょうえよしちか》が継ぐことになった。仇が引退してしまったのだ。

年が明けて、元禄15（１７０２）年2月、京都山科の内蔵助のもとに浪士達が集まった。いわゆる「山科会議」だ。堀部らは、すぐ討ち入りをという意見だったが、未だ少数派であった。この頃は浅野大学の処遇も決まっていなかったのだ。内蔵助は「殿の三回忌まで待て」と言うようになっていた。それは、あと一年待てということであった。

しかし、一方で内蔵助はこんな動きもしていた。4月、長男・主税《ちから》だけを手許に残し、妻・りくと子供たちを実家のある但馬へ返したのだった。この頃から、内蔵助の祇園での目くらましのためと言われる遊興が始まったとされている。

そして7月18日、浅野大学が、本家広島浅野家へ引き取られることが決まり、内蔵助が目指していた浅野家再興の道は閉ざされた。

●吉良を討つ！　円山会議開かれる

7月28日、京都・円山の安養寺塔頭であった「重阿弥」に旧赤穂藩士らが集まった。これが、「円山会議」だ。メンバーは次の通り。大石内蔵助、原惣右衛門、間瀬久太夫、小野寺十内、大石主税、潮田又之丞、堀部安兵衛、大石瀬左衛門、不破数右衛門、岡野金右衛門、貝賀弥左衛門、大高源吾、武林唯七、間瀬孫九郎、小野寺幸右衛門、矢頭右衛門七、三村次郎左衛門、岡本次郎左衛門、大石孫四郎、以上19人だった。

もはや彼らに、討ち入りを待つ理由はなくなっていた。主君の死から1年4ヶ月もの間、浪士の間で対立が続いた末、やっと皆の目指す所がひとつになった瞬間であった。この後、始まるのが「神文返し」だ。内蔵助は、腹心の大高、貝賀のふたりを遣わし、「討ち入りはやめになったので、神文は返します」と約150人の浪士達を回らせた。

その際、「これ幸い」と誓詞を受け取った者は脱落と見なし、反対に「もう大石殿など頼らない」と怒り狂った者にだけ真実を打ち明け、江戸に下向後に討ち入る計画を伝えたという。こうして約150人いた浪士たちは、約50人に絞られていった。

10月、内蔵助は京を後にし、江戸へ下った。そして、元禄15（1702）年12月14日、赤穂浪士たちは吉良邸に討ち入り、見事、本懐を遂げるのであった。

18 【ロマンチックなだけじゃない！】六角獄舎で流転した男たちの運命

●龍馬からお龍への伝言

「俺は元気でこの京の街にいる」

こんな意味のメッセージを、樹齢約700年のエノキに、「龍」の一文字を刻むことで恋人・お龍に伝えたのが幕末の志士・坂本龍馬だ。

このエノキの大木が境内にある中京区の武信稲荷神社では、龍馬たちにあやかって、縁結びや夫婦円満の御利益があるお守りなどを授与し、大河ドラマ『龍馬伝』の頃から注目を浴びている。

なんでも、お龍の父親である楢崎将作は勤王家の医師で、井伊直弼による安政5（1858）年の「安政の大獄」に連座して、神社の南にある「六角獄舎」という牢獄に捕らえられてしまっ

龍馬がお龍に伝言を遺したというエノキの大木

たという。

父の様子を知りたいと、お龍や龍馬は面会に訪れるも、女性がそう簡単に面会できる場所でもなく、また龍馬自身も多方面から狙われる身で、うかうか出歩けない。

そこで、龍馬は、このエノキの大木から獄舎の様子をうかがったというエピソードが伝わっている。

その後も命を狙われ続け、身を隠す龍馬は、なかなかお龍に逢えなくなる。そこで思いついたのが、冒頭の「龍」一文字のメッセージだった。自分の身を案じ、探し続けるお龍なら、きっとこの場所に来るだろうという龍馬の読みだった。

龍馬が無事、この街にいると知ったお龍は、共通の知人を訪ね、再会を果たしたということだ。また幸い、翌年には父・将作は釈放されている。

●囚人の遺体で日本初の人体解剖

さて、そんな龍馬ののろけ話で終わるわけにはいかない。実は、この六角獄舎という場所は、恐ろしいエピソードの宝庫なのだ。

この牢獄は、正式な名称を三条新地牢屋敷といった。前身は、平安時代に設置された左獄・右獄である。移転を繰り返し、江戸中期の宝永5（1708）年に起こった京都の大火後、六角通りのこの地に落ち着いたようだ。そのため、「六角獄舎」「六角牢」などと呼ばれるようになったという。

宝暦4（1754）年には、江戸中期の医学者であった山脇東洋が、京都所司代の許しを得て、死刑囚の遺体を日本初の人体解剖（腑分け）に使っている。したがって、この地は、日本初の人体解剖を行った場所でもあるのだ。

それは、江戸の杉田玄白による人体解剖に先立つこと、なんと17年！　これはあまり知られていない事実だ。現在、この地には、「日本近代医学のあけぼの」と記された石碑が立っている。

そして、幕末の頃になると、前述のように、安政の大獄による政治犯たちや、過激な尊王攘夷派の志士たちが捕らわれるようになった。

●禁門の変のとばっちりで斬首

元治元（1864）年7月19日、京都を揺るがす事件が起きる。前年の8月18日の政変によって京の街から追放されていた長州藩の勢力が、会津藩主で京都守護職の松平容保《かたもり》らの排除を目的に挙兵したのだ。いわゆる禁門の変（蛤御門の変）である。これにより、御所周辺だけでなく、京都市中においても市街戦となり、特に御所の西側は砲撃戦による出火が相次いだ。

その火は実に3日間も燃え続け、約3万戸が焼失したといわれている。火は次第に御所から離れた六角獄舎まで近づいてきた。

「獄中の囚人たちをどうするべきか」

獄舎を管理する京都町奉行の官吏たちは思案に暮れた。

そして、下した決断は――国事犯は全て斬首というものであった。

彼らは囚人達の脱走を恐れ、まだ判決も出ていない志士たちの首を片っ端からはねていったという。

志士たちを偲ぶ「殉難勤王志士忠霊塔」

約3時間で三十数名というから、ひとり5分程度の流れ作業だったことがうかがえる。

ところが皮肉なことに、御所からの火は獄舎までは回ってこなかったのだった。

●勤王の志士・平野国臣

突然、身勝手な理由で斬首された無念の志士たち。中でも、有名なのは勤王の志士・平野国臣だ。福岡藩士だった彼は、ペリー来航後に脱藩し、尊王倒幕を訴えて各地を奔走した。薩摩の西郷隆盛や、新選組の前身・浪士組を結成した清河八郎、禁門の変を起こした真木和泉守《まきいずみのかみ》らとも親交を深め、尊攘派の中では名の知れた人物であった。

彼は、文久3（1863）年に起こった8月18日の政変により但馬生野に走り、七卿落ちの公家のひとりを擁して代官所を占拠したが、ほどなく捕らわれて、京都六角の獄に収監された。そしてその判決の出ないままに、斬首されてしまった。

彼はこんな辞世を残している。

憂国十年　東走西馳　成敗在天　魂魄帰地

国を憂い、東奔西走すること十年だったが、成功も失敗も天が決めることであり、私は志半ばで身も心も地に帰することになった――。

●池田屋事件に深く関わった男も

同じく、六角獄舎で人生の幕を下ろさざるを得なくなった人物で、古高俊太郎という男がいる。彼は、新選組の名を日本に知らしめた「池田屋事件」と深く関わっていた。元々滋賀県出身だが、京都へ移り、尊王攘夷派の梅田雲浜《うんぴん》に弟子入り。そして、四条木屋町の枡屋という店を継ぎ、長州藩と深くつながり、情報や武器調達などの協力をしていた。

元治元（１８６４）年6月5日、古高は、新選組に捕縛され、壬生の屯所の前川邸にある蔵で、土方歳三らから厳しい取り調べを受けることになる。蔵の二階から逆さ吊りにされ、足の甲に五寸釘を打たれ、釘が突き抜けた足の裏側にろうそくを立てられ、そこに火を付けられるという残忍な拷問であったという。

熔け落ちる蝋が、釘を伝い、傷口に染み込んでいく……。ついに古高は、口を割り、「祇園祭の前の、風の強い日を選んで京都御所に火を放ち、その混乱に乗じて中川宮朝彦親王を幽閉し、一橋慶喜と松平容保らを暗殺し、孝明天皇を長州へ連れ帰る」という長州の計画を明らかにしてしまったのだ。

一大スクープを手にした新選組は、その夜、池田屋に向かい、大捕物となるのであった。

拷問を受けながらも、自供したことで命拾いをした古高だったが、それから約1ヶ月後の7月19日に起こった禁門の変のとばっちりのような形で命を落としたのはなんとも皮肉なことであった。

現在、西大路丸太町北東にある竹林寺に、彼らの墓はある。

そして、時代が変わり、六角獄舎跡には新しい建物が建ち、その入り口近くには、医師・山脇東洋の業績をたたえる石碑とともに「殉難勤王志士忠霊塔」と刻まれた石碑が建っている。

19

【幕末史のターニングポイント】

御用改めである！ 池田屋事件

●昔、旅籠屋　今、居酒屋

三条大橋を渡りきると、そこは東海道の終着点。かつてこの界隈は旅籠、つまり旅館街として賑わっていた。今も数件旅館が残っているが、そのひとつが、幕末の大事件の現場として知られる「池田屋」だった。

三条大橋西詰めの北側を西に向かって歩き、高瀬川にかかる三条小橋を渡った所に、事件現場を示す石碑が立っている。

ここは以前はパチンコ屋で、石碑も決して大切にはされてはいないようだった。

新選組の評判が決してよろしくなかった京都では仕方ないことかも知れない。当時は熾烈な内ゲバや派手な振る舞いなどが、京都の人には怖がられ、迷惑がられたようだ。近年でも、彼らを「壬生浪《みぶろ》」と忌み嫌う人がいたくらいだ。

このように、跡地は放置されていた印象だったが、近年ＮＨＫ大河ドラマで新選組が取り上げられた頃から見直され始める。現在では、この地の意義を理解し、活用する居酒屋が「池田屋」の名を借りて営業中である。

店内は、数々の映画で再現された、「階段落ち」のシーンを彷彿させる、立派な階段が正面に付けられている。なんと、この階段は、日本映画の歴史を支えてきた太秦の映画スタッフたちに製作を頼んだという特注品だ。

また、メニューもユニークで、各隊士たちのカクテルも用意されている。中でも、下戸《げこ》だったという近藤勇にちなんで、「近藤勇」というカクテルは、ノンアルコールとなっている。今では歴女や新選組ファンが、彼らについて語り合いながらお酒を酌み交わす楽しい場所となっているが、やはり、忘れてはならないのが、この場所で、大変な死闘が繰り広げられたということだ。

ここは、新選組最大の捕り物の現場なのだ。

●新選組　誕生！

文久3（1863）年、徳川将軍・家茂の上洛時、将軍家警護として、関東、東北から浪士たちが募集された。集まったのは230余名。

彼らは「浪士組」と名乗り、入洛。しかし、主宰者であった清河八郎の思いがけない発言に、集まった浪士達は困惑する。

「幕府のお召しには応じたが、別に禄をもらっているわけではない。尊王攘夷の先鋒として、朝廷のために働こうではないか」

店内に復元された池田屋の「大階段」

清河に賛同する者たちは江戸へ引き揚げていったが、あくまでも徳川将軍のために力を尽くしたいと考えていた者たち、すなわち近藤勇や土方歳三たちは京都守護職の会津藩・松平容保の預かりとなった。その後、新たにメンバーを増やし、文久3（1863）年3月15日、壬生の地にて新選組は誕生した。

この年の8月18日、公武合体をめざす会津藩と薩摩藩は、密かに兵を集め、武力によるクー

新選組壬生屯所（みぶとんしょ）に使われた八木家

デターを起こした。これによって、天皇による政治を復活させよう（王政復古）と存在感を強めていた長州藩は突如、京都から追放された。

その後、京都留守居役の桂小五郎、久坂玄瑞《くさかげんずい》らが、長州藩主や七卿落ちした公家たちの復権を何度も願い出るも、聞き入れられることはなかった。

それに不満を抱く志士たちに睨みをきかせるのが、新選組の仕事。彼らは、京の街から尊王攘夷派を徹底的に排除するため浪士狩りを任され、任務に邁進していた。

●キーマンを捕獲する大手柄

元治元（1864）年6月5日、新選組は、四条木屋町で諸藩御用達だった枡屋を捜索した。すると、倉庫から、穏やかではない武器弾薬や血判書が出てくるではないか。住んでいた古高俊太郎は、壬生の屯所へと連行された。そこで、土方歳三を中心に、凄まじい拷問を受けることになったのは、前述した通りだ。

たまらず口を割った古高が語ったのは、「風の強い夜を待って、洛中に火を放ち、その混乱に乗じて、会津藩主らを暗殺し、孝明天皇を長州へお連れする」というとんでもない計画であった。それを聞いた新選組はただちに京都守護職の会津藩や京都所司代に連絡し、犯行グループの捜索に出た。

●新選組、いざ出動！

気付かれぬよう、普段通りの市中見回りを装って、新選組のメンバーたちは、バラバラに街へ出た。そして、日没のころ、八坂神社近くの会所に集合。そこから、近藤、土方は二手に分かれ、近藤は木屋町方面へ、土方は祇園方面の旅籠などの捜索を開始した。

そのころ、長州藩士を中心とする尊王攘夷派の志士たち約30名は、同志である古高俊太郎が捕まったことを受け、緊急会議をするためにある場所に集まっていた。それが、三条小橋のすぐ近くにあった「池田屋」という旅籠だった。

折しも、京の街は、祇園祭の宵山で、長州藩士らは祭の見物客に紛れ込んで、市中に潜り込んでいたという。

ここで、「祇園祭は7月なのでは？」という疑問を抱いた読者も多いと思う。が、祇園祭が

「鬼の副長」と恐れられた土方歳三

7月に行われるようになったのは明治維新後、太陽暦採用にともなってのことである。

この当時は、旧暦で6月の7日と14日の二回に分けて、山鉾巡行が行われていたのだ。

また、巡行の前々日を「宵々山」、前日を「宵山」と呼ぶ人もいるが、京都市観光協会HPには、巡行の前3日間、14~16日を「宵山」と表示している。したがって、池田屋事件の起きた日は、6月5日、宵山で正しいのだ。

華やかな祭の裏で、三条の旅籠・池田屋で、京都守護職暗殺、天皇の拉致計画が話し合われる。そこに新選組局長・近藤勇が到着する。

「御用改めである！」

近藤とともに、腕に覚えがある沖田総司、藤堂平助、永倉新八らが突入。二階にいた浪士たちは不意打ちを受けて混乱したが、すぐに応戦を開始する。深く踏み込んでいった沖田は奮戦したが、持病の結核から吐血もしくは昏倒して離脱。藤堂も頭に太刀を受け脱出した。

志士たちに押し包まれてしまった近藤たちだったが、そのうちに土方歳三率いる別働隊が合流した。新選組は、はじめは人数が少なく「斬り捨て」をメインにしていたが、土方隊の応援を得て、方針を「捕縛」へと変更し、次々と浪士達を捕らえていった。

午後10時過ぎに始まった死闘は、約2時間続いた。

近藤の書き残したものによると、この時、しとめた者が7名、傷を負わせた者が4名、捕縛が2名とあるが、尊攘派全体では死者16名、捕縛は20名以上という説もある。

京都守護職と所司代の応援が駆けつけたのは、戦いがほぼ終わった真夜中であった。

20 坂本龍馬暗殺現場は今

【日本史上屈指の英雄最期の地】

●龍馬暗殺現場は今……

日本の夜明けを夢見て、幕末維新の風を起こした風雲児、坂本龍馬。彼は33年という短い生涯を駆け抜けたが、特に最期の5年間は、京都に多くの足跡を残している。街中にありながら、意外と知られていないのが龍馬暗殺の地だ。

その場所は、京都の繁華街、河原町通りの三条と四条の間にあり、いつも多くの買い物客や観光客で賑わう通りだ。

かつては、この地にあった小さな旅行代理店の店先に、石碑がひっそりと立っていた。しかし旅行会社は龍馬や歴史に関心がなかったのか、それとも、龍馬で観光客を呼び寄せるというセンスが無かったのか、全くの放置状態であった。

しかし近年、その場所がコンビニエンスストアになったころから、日本史上有数の英雄最期の地としての価値に見合った動きが起きてきた。そのひとつが、駒札と献花台の設置だ。これまで、龍馬ファンは、石碑の前にたたずんで、一礼するくらいしかできなかった。

ところが、今は、花を手向けられるのだ。また、コンビニの中には龍馬コーナーが設けられ、ここでしか手に入らないグッズの販売も手がけていた。平成25（２０１３）年12月から、大手回転寿司チェーンが、これまた龍馬・幕末を意識した店を手がけている。

かつての近江屋跡（現在は回転寿司店舗）

そういえば、この近くにある池田屋事件が起きた場所も、近年までパチンコ屋であったが、今は新選組をイメージした池田屋という居酒屋になっている。歴史的な事件現場は、その価値が分かる人に利用されないと、豚に真珠、猫に小判であるという良い例だ。

●龍馬　暗殺直前の動き

龍馬は慶応３（１８６７）年11月15日、奇しくも自分の誕生日に命を落としている。暗殺現場は、土佐藩御用達の醤油商「近江屋」の二階であった。

しかし、龍馬は前月半ばまで、木屋町三条下ルの木材商・酢屋を宿所にしていた。酢屋は、現在も材木商を営み、当時の場所に店を構えている。居場所を転々と変えたのには、龍馬がお尋ね者の身であったことがひとつの理由と思われる。龍馬は、前年の1月に、伏見の寺田屋で起こした事件において、奉行所の役人ふたりをピストルで射殺していたのだ。

できれば、安全な土佐藩邸に入りたいと思っていたようだが、土佐を脱藩した罪は既に許されていたものの、正式な土佐藩士として扱われていなかったため、その願いは叶わなかったようだ。龍馬自身が遠慮したとも言われている。

歩いてみると分かるのだが、近江屋跡から土佐藩邸跡までは1、2分の距離だ。目と鼻の先なのに、安全地帯に入れなかったのだ。

また、薩摩藩士からも、「二本松の薩摩藩邸に入られよ」と勧めてもらっていたようだが、薩摩の世話になると、土佐藩に対して失礼になるとして、有難い申し出にもかかわらず、断らざるを得なかった。

醤油商・近江屋では、主人の計らいで、裏庭にある土蔵の中で寝起きをしていた龍馬だったが、暗殺される数日前から運悪く風邪を引いてしまい、11月14日、土蔵を出て、母屋の二階の奥座敷、つまり事件現場に移ったのだった。

歴史に「もしも」はないと言うが、こうしたターニングポイントで、もし違う選択をしていたら、と思わずにはいられない。

●事件当日の龍馬の様子

11月15日午後6時頃、龍馬のもとを、中岡慎太郎が訪れた。龍馬と同じ土佐出身で、龍馬は家族宛の手紙の中で、中岡について「この人は私同様の人」と、その信頼の深さを示していた。訪れた目的は、同じ土佐藩士の宮川助五郎が幕府に捕らえられた件で、身柄をどうやって受け取るかという相談だった。

午後7時頃、中岡が親しくしていた書店菊屋の息子・峯吉がやって来た。さらにそこに、もうひとり、龍馬が親しくしていた土佐藩士・岡本健三郎がやって来る。

しばらくの雑談の後、龍馬が峯吉に、「軍鶏を買ってきてくれ」と命じたという。峯吉が出かける時に、岡本も用事があるからと一緒に近江屋を後にした。

龍馬たちふたりは、火鉢を挟んで二階の奥の間で峯吉の帰りを待っていた。

京の街を見つめる龍馬たち

そこへ、午後9時頃、見知らぬ客がやって来る。

龍馬の下僕をつとめていた、相撲取りの藤《とう》吉《きち》が応対すると、「拙者は十津川郷士の某と申す者。坂本先生はいらっしゃるか」と名刺を差し出した。

名刺を持って、二階に向かう藤吉。この動きによって、この宿に龍馬がいることがばれてしまい、さらに、龍馬のいる部屋までもが伝わってしまったのだ。藤吉の後をつけて階段を駆け上がった暗殺者は、藤吉を背中から斬り倒した。

階下で大きな音がしたため、龍馬は「ほたえな」、土佐弁で騒ぐなと言ったという。

その時、ふたりの刺客が襖を開け、飛び込んできた。龍馬は額を真一文字に斬られた。その際、脳漿《のうしょう》が飛び散るほどの致命傷を負った。

京都国立博物館に、龍馬暗殺の目撃者ともいえる、その日、二階にあった調度品の数々が所蔵されている。血染めの屏風や血痕のついた掛け軸だ。

これらをよく見ると、血痕が、下部に集中していることが分かる。座っていた龍馬が額を横向きに斬られたことが、実によく分かる逸品であり、当時の緊迫感が伝わってくる。

龍馬はとっさに、床の間に置いてあった刀を取ろうとしたが、その背中を二太刀目が襲った。しかし、それでも龍馬はまだ戦おうとした。なんとか愛刀を掴んで立ち上がり、三太刀目を鞘のままで受けているのだ。それが証拠に、龍馬が所持していた鞘の写真には、抜刀できずに受けた刀傷を確認することができるのだ。

ここまで堪え忍んだ龍馬であったが、ついに、龍馬は倒れてしまう。中岡も11カ所の傷を負った。標的の命が失われたことを確信した刺客たちは立ち去っていった。

虫の息の龍馬は、行灯の光ににじり寄り、刀身を鏡代わりにして、自分の傷を確認したようだ。そして中岡に「石川、自分は脳をやられたから、もう駄目だ」と言い残し、絶命した。「石川」と呼びかけたのは、当時の中岡が「石川清之助」という偽名を使っていたからだ。仲間想いの龍馬は、最期まで中岡の身分がばれないように、気を遣っていたのだ。

その後、軍鶏を買って帰ってきた峯吉が、変わり果てたふたりを発見することになる。

●事件現場にたたずもう

龍馬が暗殺された近江屋跡には、その場所を示す石碑が残っている。が、実際は、近江屋はもう少し南に位置したと言われている。また、大正時代に河原町通りの拡張があったことも考慮すると、龍馬暗殺現場である近江屋の二階は、ちょうど河原町通りを行き交う我々が歩く歩道の真上辺りと考えられる。

そこからは、土佐藩邸があった場所も目の前に見える。龍馬はあの時、土佐藩邸に逃げ込むことも考えていたのだろうか。

大政奉還は、龍馬が亡くなる一ヶ月前に成し遂げられていた。いよいよ、これから時代が大きく動き出す、その矢先にこの地で暗殺された坂本龍馬。そんなことを思い出しながらこの地に立つと、色んな想いがこみ上げてくることだろう。

第三章　千年の都の不思議な住人たち

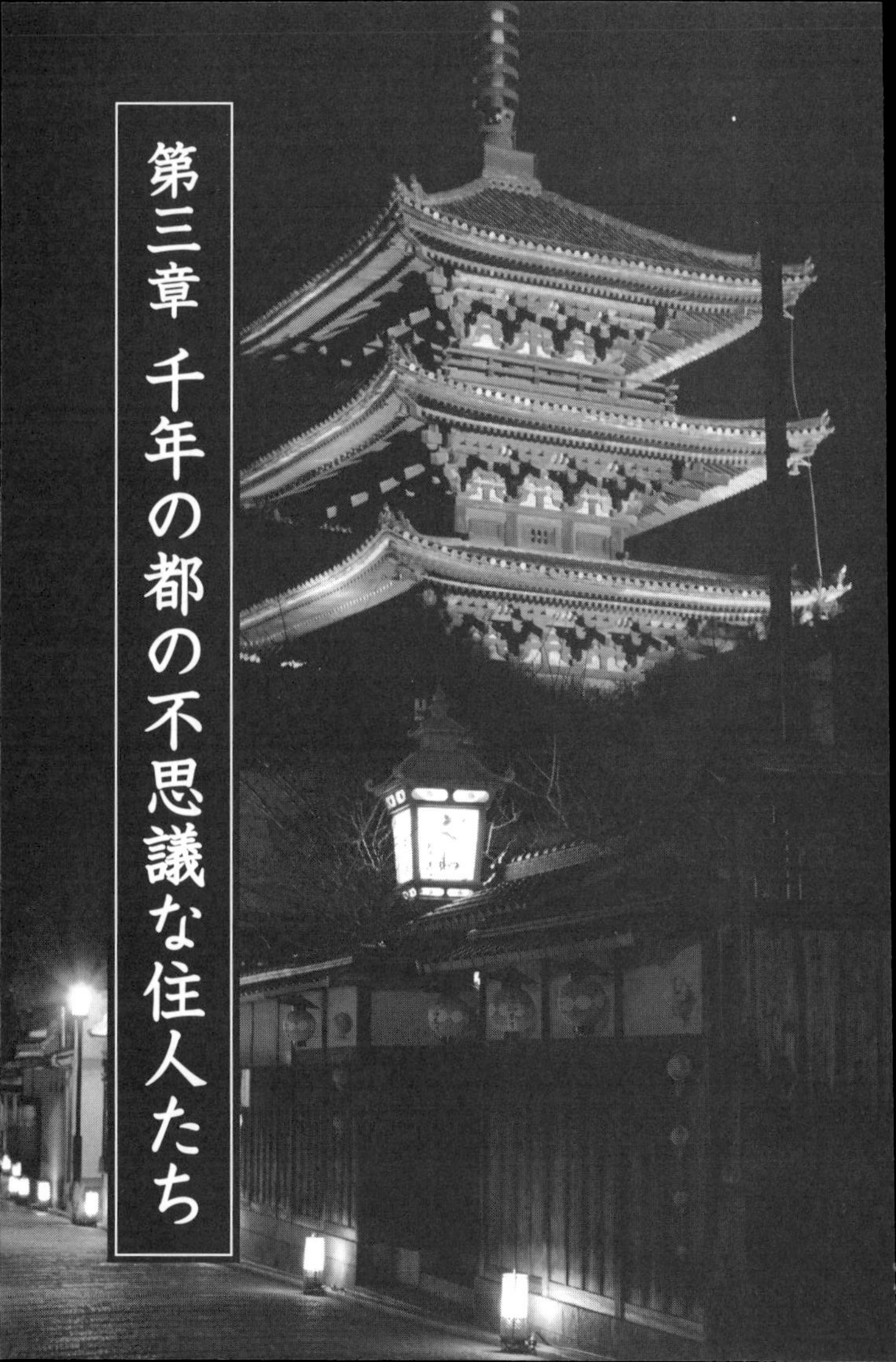

21 新島八重が例えられた怪物 鵺《ぬえ》

【猿の顔 狸の胴体 虎の手足 蛇の尾】

●新島八重が例えられた怪物

平成25（2013）年の大河ドラマ『八重の桜』の主人公・新島八重。彼女は作中で芯が通り前向きで、さっぱりした性格の「ハンサムウーマン」だと描かれている。しかし実は、大河ドラマの主人公に抜擢されるまで、京都の学校法人・同志社の関係者にとっても八重は決して良いイメージの人物ではなかった。

それは八重が「悪女」「烈婦」「鵺《ぬえ》」と世間に形容されてきたからに他ならない。特に妖怪「鵺」に例えられたのは強烈であった。このあだ名を付けたのは、当時、同志社英学校（同志社大学の前身）の生徒であった徳富猪一郎、のちのジャーナリスト徳富蘇峰だ。「やえ」を「ぬえ」と言い換える、韻を踏んだ言葉遊びをするあたりに、才能の片鱗が見える。

京都において、日本初のプロテスタント式結婚式を挙げた新島襄と妻・八重。先駆的なこの夫婦は、ライフスタイルも時代を先取っていた。

襄は八重のことを「八重さん」と呼び、八重は夫を「襄《ジョー》」と下の名前で呼び捨てにしたという。また、洋装の八重が人力車に乗り込む時は、いつも襄より先だった。これは、ふたりにとっては「レディーファースト」という西洋のしきたりを実践したまでのことなのだが、世間はそうは見なかった。

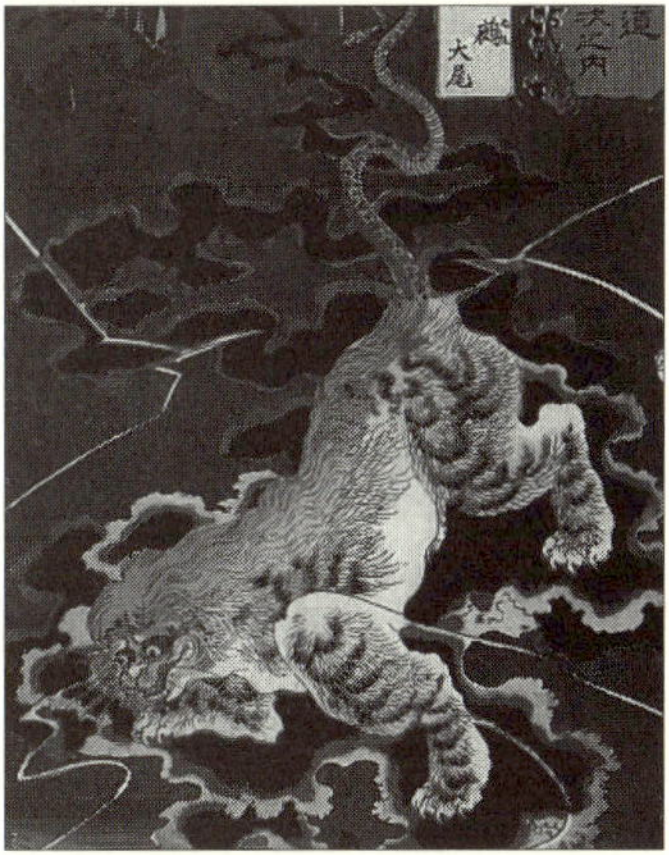
四獣の体が混ざった物の怪・鵺

同志社の学生だった蘇峰は、この奇異な新島夫婦、特に新妻・八重の行動に我慢ならなかったようだ。そして、八重も出席した演説会で壇上からこんなことを言い放った。

「この中に、頭と足は西洋、胴体は日本の鵺がいる」

鵺というのは、頭が猿、胴体は狸、尻尾は蛇、そして手足は虎という伝説上の怪物なのだ。

確かに、新婚当時の八重の写真を見てみる

矢が刺さった鵺を仕留める猪早太

と、和服を着ているが、西洋の帽子を携え、靴を身につけたものが残っている。

尊敬してやまない新島先生を「襄」と呼び捨てし、先に人力車に乗り込む姿などが、当時まだ十代だった蘇峰には不満だったのであろう。

世間の女性観もまだまだ古いままだった。

●源頼政の鵺退治

さて、その新島八重が例えられた妖怪「鵺」は、古くから日本に伝わる怪物だ。鵺を退治した伝説が、今も京都では広く伝わり、鵺を祀る祠《ほこら》には、日々、お花が供えられている。

『平家物語』によると、平安末期、毎夜、丑《うし》の刻になると、天皇のお住まいである内裏が不気味な黒雲に覆われ、さらに気味の悪い鳥の鳴き声が響き渡ったため、時の帝、近衛天皇は非常に怯えられ、やがて病に伏してしまった。加持祈祷などを試みるも全く効果なし。

そこで、弓の名手である武士・源頼政に退治するよう命じられた。闇の中、艮《うしとら》の方向に黒雲がわき上がった。蠢く影に向かって頼政が矢を放つと、この世のものと思えぬような悲鳴とともに、天から得体の知れない獣が現れた。それこそが、異様な姿をした「鵺」だった。

頼政の矢で傷ついたところを、駆け寄った猪早太《いのはやた》が太刀でしとめ、退治は成功した。

その後、頼政は鵺の身体をバラバラにして、笹の小舟に乗せて海に流したという。ほどなくして、天皇の容体は快方へ向かい、頼政は褒美に「獅子王」という号のついた太刀を下賜されたという。この刀は、後に徳川家康から家臣へと渡り、明治時代に明治天皇に献上され、現在は、東京国立博物館に収蔵されている。

退治された鵺が空から落ちてきた場所は、現在、京都市上京区の二条公園辺りと言われており、鵺を倒した矢じりについた血を洗い清めたという池は、鵺池という名で伝わっている。

明治時代にはこの付近に監獄があったのだが、昭和になり公園ができた。また、最近、公園は整備され、真新しい石碑も立っているが、公園北には鵺大明神として祀られる小さな祠が残っている。鵺は、確かに現在の京都の街に生き続けているのだ。

余談だが、徳富蘇峰に鵺呼ばわりされ、そのイメージをずっと引きずってきた新島八重だが、本人同士は新島襄の死を境にすっかり仲直りし、八重の墓石の文字を蘇峰が刻むほどの親交を結んでいったのだった。

22 恋塚寺に伝わる悲しい伝説

【男女の出逢いが歴史を変えた？】

●人妻に横恋慕した男

あの女性に出逢わなければ、彼は出家することもなく、そしてのちの日本の歴史を大きく動かす事もなかっただろう。

その男とは、平安時代末期、鳥羽上皇の院御所を護衛するエリート武士「北面の武士」のひとり、遠藤盛遠《もりとお》、のちの文覚《もんがく》である。「北面の武士」とは、上皇の身辺警護を担当し、上皇御所の北面の詰め所に伺候《しこう》した武士たち。武芸に優れるだけではなく、和歌などの芸能に優れた者も輩出した。同僚には、平清盛や、のちに西行法師となる佐藤義清《のりきよ》、そして源渡らがいた。

ある日、護衛任務中の盛遠の目に、雪のような肌に桃のような香りを漂わせたひとりの美しい女性が飛び込んできた。名は袈裟御前《けさごぜん》といった。その日から、盛遠の心はその女に奪われて

悲しい伝説を秘めた恋塚寺。浄土宗のお寺である（提供：京都市産業観光局）

しまう。

なんとか彼女の素性を調べたところ、受け入れがたい事実が明らかとなった。

なんと彼女は盛遠の従姉妹であり、かつて、求愛した女性であった。しかも、今は、同僚である源渡の新妻となっていた。もともと気性の激しかった盛遠は、袈裟御前の母である伯母のもとへ飛んで行く。

「数年前に私があの娘をと内々に願い出たのに、それをお忘れになったのか。しかも、同僚の渡に嫁がせるとは！」

ひと目袈裟御前に逢わせろ、としつこく要求する盛遠に、ついに母親は折れてしまう。しかし、娘を呼んだところで、先は見えている。そこで、娘には盛遠のことは伝えずに、病なので見舞いに来て欲しいという手紙を送った。

駆けつけた袈裟御前に、母はこれまでの経緯を娘に話し、小刀を差し出した。

「どうせなら、お前の手で私を殺しておくれ」

年老いた母をこんな形で失いたくない……と、袈裟御前は意を決し、一度だけ盛遠と逢ってしまう。

むろん、ひと目だけで済むはずもない。盛遠は「夫・渡と離縁して、自分の妻になれ」と要求をエスカレートさせたのであった。さらに、断るなら母親の命はどうなるか分からない、と彼女に無理難題を押しつけてきた。追い詰められた彼女は、こう答えた。

「承知しました。けれども、私には夫がおります。その夫を殺してくれるなら、あなたのもとに参りましょう。これから家に戻り、夫にお酒を飲ませ、髪を洗って先に寝かせます。夜、屋敷に忍んで来て、洗い髪を頼りにその首をはねて下さい」

袈裟御前はそう告げて、去っていった。やっと想いが通じたのだと、無邪気に喜ぶ盛遠。

袈裟御前との約束通り、夜になると、盛遠は渡の屋敷に忍び込み、真っ暗な中、洗い髪を頼りにその首をはね、着物にくるんで持ち帰った。

帰り道、月明かりの下、照らされた首を見て盛遠は愕然とする。

自らはねたその首は、なんと愛しい袈裟御前のものだったのだ。

自分のしでかした事の大きさに恐れおののく盛遠は、出家し、文覚と名乗った。そして、彼女が眠る地に寺を建てた。それが、現在の京都市伏見区鳥羽にある恋塚寺といわれている。

この境内には「恋塚」と呼ばれ、袈裟御前の墓と伝えられる石塔が建てられている。観光客も「恋塚寺縁起絵」「袈裟御前肖像画」、袈裟御前・文覚・源渡の木像三体、お庭などが拝見できるが、法要などで拝観不定期のため事前にお聞きすることをおすすめする。

●その後の文覚

さて出家してからの文覚は、命懸けで修行に励んだ。夏には裸で薮に籠もり、毒虫・毒蛾に身を任せ、冬には那智の氷の滝に打たれ、はたまた、大峰・高野・白山・不二・出羽・羽黒、数多の山々を駆け巡ったという。

そうして30歳のころに京都に戻って来た文覚は、当時、荒れ果て衰退してしまった高雄の神護寺の復興を自らの使命と定めた。しかし、いくつかのお堂を再建したものの、復興事業はなかなか進まない。

そこで、意を決した文覚は、後白河法皇のところに赴き荘園の寄進を願い出た。しかし法皇の逆鱗に触れてしまい、伊豆へと流される。そこで、同じく流罪となっていた、あの源頼朝と運命の出逢いを果たすことになるのである。

頼朝と親しくなった文覚は、「打倒平氏」が頭になかった頼朝を、父・義朝の髑髏《どくろ》を見せるなどして説得、平家追討の兵を挙げさせたという。そして、頼朝が天下を取ったあかつきには、神護寺復興の約束を取り付けたのだった。

時は流れ、平家を倒した頼朝の協力もあり、文覚は神護寺を復興。それと並行して東寺や、高野山の大塔の復興も進めていった。が、政治的後ろ盾であった頼朝が亡くなると佐渡へ流されてしまう。3年後、許されて京に戻って神護寺の再興に努めたが、今度は後鳥羽上皇から謀反の疑いをかけられ、今度は対馬へと流され、途中の地で死を迎えたという。

23 あの世との境界線 六道の辻

【官僚をしながら閻魔《えんま》様の補佐係？】

●昼間はこの世で、夜はあの世でお仕事

毎朝、満員電車に揺られ通勤するサラリーマン。このご時世、こっそり副業を掛け持つ人もいるとかいないとか……。

実は、平安時代にもふたつの職業をこっそり掛け持ちした人がいた。しかも、昼間は朝廷の官吏として勤務し、夜になると、井戸を通って冥界へと下り、地獄の閻魔《えんま》庁に勤務するという、とんでもない〝副業伝説〟だ。

その人物の名は、小野篁《おののたかむら》。

篁は、延暦21（802）年に生まれ、身長は180センチを超える大男。乗馬に弓矢、剣術と武芸全般に秀でた男だった。さらに漢詩も作り、「日本の白楽天」と呼ばれるほどの詩人として名を馳せていた。

また、何ごとにも縛られない奔放な性格で正義感も強く、政界や役人の不正をあばく役目を担っていたという。

その篁が、いつのころからか、地獄で閻魔大王《えんまだいおう》に仕え、冥官として働くようになっていた。閻魔大王といえば、皆さんご存知、嘘をついたら舌を抜かれると、子供のころから言い聞かされた、あの閻魔様のことだ。

仏教では、人は死んだら、地獄で生前の行いについて審査される。地獄には10人の裁判官（王）がいて、7日毎に各王による取り調べが進んで行く。

初七日……殺生についての取り調べ
二七日……盗みについての取り調べ
三七日……邪淫の業についての取り調べ
四七日……嘘についての取り調べ

そして五七日、「六道」についての行き先を決める裁判官が、閻魔大王なのだ。

小野篁が冥界に通ったと伝わる井戸がある六道珍皇寺

なぜ、10人いる王の中で閻魔大王が一番知られているかというと、前の4人の王たちが裁いた結果を受け、亡くなった人が「六道」、すなわち地獄、餓鬼、畜生、修羅、人間、天上という6つの世界のどこに生まれ変わるかを決める大きな力を持っているからなのである。そんな閻魔大王の補佐として仕えていたのが小野篁だった。

●閻魔大王からも一目置かれる

篁については、『今昔物語集』にこんなエピソードが伝わっている。

右大臣の藤原良相《よしみ》が重い病の末、亡くなった。ご多分に漏れず、三途の川を渡って閻魔大王の前に連れて行かれ、恐怖におののいたその時だ。大王の隣に、同じ朝廷で働いていた顔見知りがいるでは

朝廷と地獄に通勤するという二重生活を送った小野篁

ないか！

その篁、閻魔大王の前に進み出るとこう言った。

「この人は生前、とても心正しい人物でした。どうか私に免じてこの方をお赦し下さい」

すると、閻魔大王は「極めて難しいが、篁がそう言うのであれば、赦してやろう」と言って、良相を生き返らせたという。

後日、朝廷に出仕すると、そこには、あの篁が出勤していた。不思議でならなかった良相は、先日のことを聞いてみると「あれは、以前、私を助けて下さった御礼です。ただ、私のことは秘密にしておいてください」と口止めされたという。

●冥界の入口　六道の辻

小野篁は、毎晩、どこから冥界へ入って行ったのだろう。

東山区に「六道さん」と呼ばれる寺がある。六道珍皇寺《ろくどうちんのうじ》だ。

かつてこの辺りは、鳥辺野《とりべの》といい、平安京における死体の捨て場だった。この寺が葬送の地・鳥辺野の入口にあったことから、ここが、この世とあの世の境界線、つまり「六道の辻」と考えられ、寺は「六道さん」と呼ばれるようになったのだ。この寺の井戸から篁は冥界へと通ったといわれている。

珍皇寺は、死者に引導を渡すところ。小野篁は施主となって伽藍《がらん》を整備し、死者を送る手助けをしたという。では、篁は、どうやって毎日、この世に戻って来たのだろうか？

それには、もう一つの井戸があったのだ。

かつて嵯峨野の六道町には福生寺という寺院があり、境内には井戸があった。そこからこの世へ戻って来たといわれている。しかし、残念ながら、その寺も井戸も現在は存在しない。東の鳥辺野は「死の六道」、西の嵯峨野は「生の六道」と呼ばれたそうだ。

●紫式部を救った？

そんな篁は、仁寿２（８５２）年にこの世を去った。お墓は、何故か、紫式部のお墓の隣にある。場所は堀川北大路を下がった西側で、この奇妙な取り合わせの二人のお墓だけがポツンとあるのだ。

源氏物語が確認されてからちょうど千年を迎えた平成20（２００８）年、「源氏物語千年紀」という記念行事が行われ、その際、数多くの人々が紫式部のお墓を訪れたのだが、なぜ隣に、冥土通いで知られる小野篁が一緒に並んでいるのかと、皆、首をかしげていた。

実は紫式部は、妄語戒（嘘をついてはならない）という仏教の戒律を破った廉《かど》で、死後に大《だい》焦《しょうねつ》熱地獄に堕ちてしまったという言い伝えがある。生前、小説『源氏物語』において色恋の絵空事——嘘を書いて、人々の心を惑わした、というわけである。

そんな紫式部に助け船を出したのが、小野篁だというのだ。しかし、この二人、生存した時期は全く異なり接点もない。では何故？

一説によると、地獄に落ちてしまった紫式部を、何とか助けたいと考えた熱狂的なファンが、閻魔大王の覚えがめでたく、閻魔様にとりなしが出来るという小野篁のお墓を隣に運んできたらしい。篁にとっては迷惑な話だが、それだけ彼の力が信頼されていた証でもあるのだろう。

●六道まいり

六道珍皇寺では、毎年、8月7〜10日にかけて、「六道参り」というお盆の行事が行われる。

これは、お盆にご先祖様の霊を迎える行事で、普段は静かな境内も、この時はお線香の煙が漂い、長い行列ができる。

参拝する際、人々は、一打すれば十万億土に響き渡るという「迎え鐘」をつく。この鐘の音を頼りにご先祖様が、この世に帰って来ると言われている。

本堂の裏手には、普段は非公開だが井戸があり、小野篁が、井戸の脇に植わっていた高野槙の枝を伝って冥土へと下って行ったと言われることから、故人の霊が、高野槙に乗って迷わず家に帰れるようにと、参詣の際、高野槙を求めて鐘を鳴らすしきたりもある。

また、この期間、ご開帳されている閻魔堂には、閻魔大王とともに、等身大ともいわれる約180センチ以上の小野篁像も一緒に祀られている。このふたりの前に立つと圧巻だ。

きっと誰しも、何も悪いことをしていなくとも、「許して下さい」と手を合わせてしまうかも知れない。

24【吉岡一門との決闘】剣豪 宮本武蔵の怪しい足跡

●決闘といえば宮本武蔵！

平成23（2011）年に、京都で「決闘罪」が適用されたのをご存知だろうか？何でも京都の中学生が、「15対15で決闘するぞ！」と宣言した喧嘩に対してらしいのだが、明治22年に定められたこのクラシックな香り漂う法律が、現代でも効力があることに驚いた人もいるのではないだろうか。

ことの発端はブログへの書き込みらしく、「素手で」という約束事などを取り決めた後、乱闘を約50分続けたという。結局、中学生たちと立会人だった20代の男性らが「決闘罪」により書類送検された。京都府内での適用は、平成に入って多いか少ないか、これが3例目だったようだ。

京都で「決闘」といえば、剣豪・宮本武蔵による「一乗寺下り松の決闘」が思い浮かぶ。宮本武蔵は江戸初期の剣術家で二刀流で知られる「二天一流兵法」の開祖だ。また、武蔵が著した兵法の書『五輪書《ごりんのしょ》』は国内だけでなく世界中で著名だ。

武蔵と吉岡一門決闘の地　一条下り松（松は四代目）

しかし、これほどの知名度を得ているのにもかかわらず、その人生は謎に包まれている。慶長5（1600）年、10代後半で関ヶ原の戦いを経験――といっても実際に関ヶ原にいたわけではなく、九州の地における戦いで、黒田如水（官兵衛）の下、戦った可能性が高いといわれている。

そして、戦乱の世が徳川家康によって治められた後、慶長9（1604）年、武蔵は上洛する。『五輪書』には「廿一歳にして都へ上り、天下の兵法者にあひ、数度の勝負をけつすといへども、勝利を得ざるという事なし」とある。

すなわち、21歳のころ、足利将軍家の兵法指南役を務めていた吉岡道場に乗り込んだということを示している。当時の道場は、上京区西洞院通辺りにあったという。

●蓮台野の決闘　VS吉岡清十郎

最初の戦いは、「蓮台野《れんだいの》の決闘」と呼ばれる。蓮台野とは、京都の葬送の地のひとつで、船岡山の北西に広がる荒れ野であった。

決闘は慶長9（1604）年、ある春の日の辰の上刻に行われたが、約束の時間に遅れた武蔵に心乱された当主の吉岡清十郎は、武蔵の一撃により、あっけなく倒されたという。

負傷した清十郎は、門人たちに担がれて帰って行った。

清十郎が一撃され、面子が丸潰れとなった吉岡道場の一門は、武蔵と二度目の戦いに挑む。

その場所は、多くの小説や映画などでは東山区の三十三間堂《さんじゅうさんげんどう》として描かれているが、実際にどこだったかは分かっていない。次なる相手は、清十郎の弟である伝七郎であった。

伝七郎は、五尺余りというから、約150センチもある長い太刀で決闘に臨んだが、武蔵は一瞬にしてこの太刀を奪い、逆にその太刀で伝七郎を倒してしまう。

またしても、武蔵の勝ちだった。

その後、このままでは武門の名折れとばかりに、一門総出で武蔵に襲いかかったのが左京区一乗寺付近。ここに武蔵が戦った地を示す石碑と、傍らに一本の松が立つ場所がある。一乗寺下り松と呼ばれる地だ。

この時、武蔵ひとりを取り囲んだ吉岡の門人は70人から数百人にのぼったとされる。

とにかくとんでもない人数を相手にした絶体絶命の戦いだったようだが、それにも武蔵は勝っている。相手の大将で、未だ少年だった吉岡源次郎を、武蔵は躊躇することなく斬り捨てた。この、あまりにも冷酷な仕打ちが仇となり、その後の武蔵は仕官を諦めざるを得なくなるなど、自身の人生に大きな影響を与えている。この吉岡一門との決闘から8年後の慶長17（1612）年、武蔵はあの巌流島《がんりゅうじま》で、佐々木小次郎《こじろう》と対決し、勝利することになる。

●本当にあったのか？

――とまあ、このように無敵の存在として知られている武蔵だが、実は、吉岡一門との決闘の結果については諸説あるのだ。実際は引き分けだったとか、武蔵が逃げて不戦勝となったなど、全く別の話も伝わっている。

戦いに敗れた吉岡家もそこで断絶はしておらず、大坂の陣では豊臣方として戦ったという。また、最後の決闘の地も、上京区は北野天満宮近くの一条下り松が正しいのではないかとも言われている。もしかすると、我々が抱いている宮本武蔵のイメージは、吉川英治の小説や、そこから派生したドラマ、漫画の影響が強いのかも知れない。

25

【世にも不気味な化け物】

現代に息づく土蜘蛛《つちぐも》退治伝説

●朝蜘蛛は縁起が良い？

「朝の蜘蛛は福蜘蛛」という迷信を聞いた事はないだろうか。朝に見かけた蜘蛛は縁起が良いから、殺してはいけないと筆者は子供のころから言われて育った。何故だか理由は分からない。きっと益虫だからだろう。ならば夜の蜘蛛は殺して良いのかというと……疑問はつきない。

ところで京都には、朝に来ようが夜に来ようが、出会うのはご勘弁願いたい蜘蛛の伝説が残っている。その名も土蜘蛛。蜘蛛が巨大化した化け物である。

●能の演目『土蜘蛛』

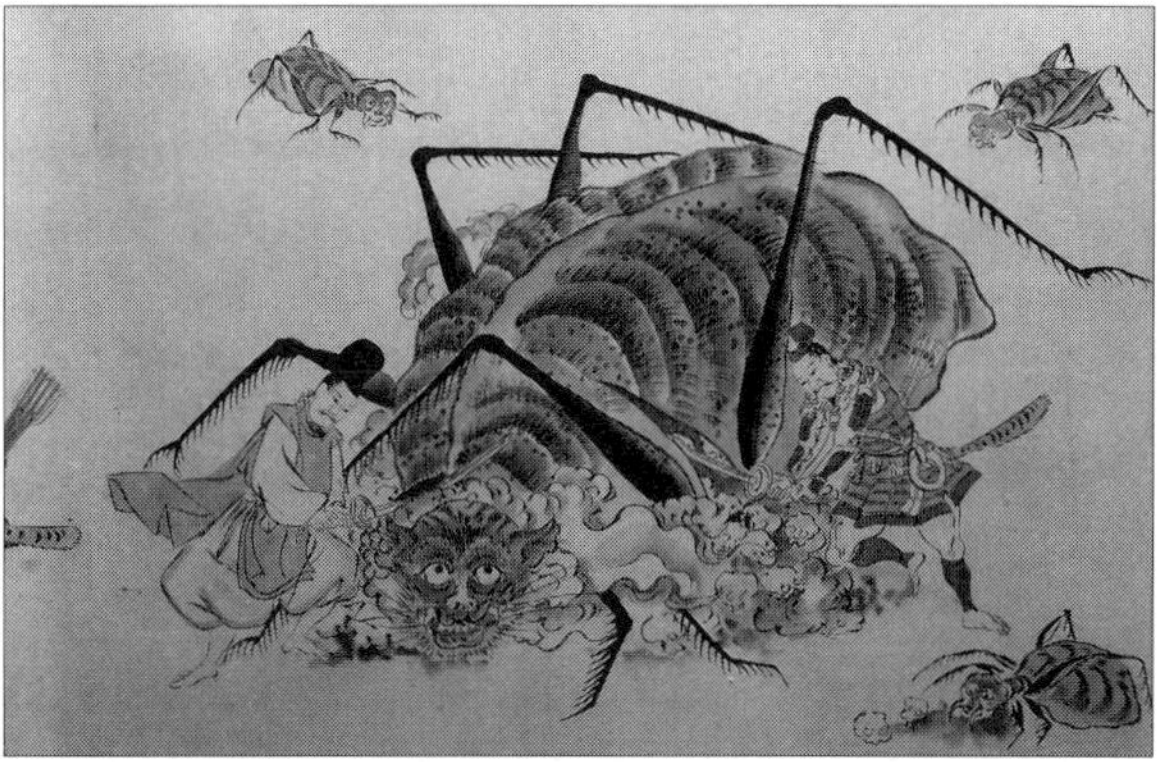

土蜘蛛。天皇に恭順しなかった者を表しているとされる

能楽で『土蜘蛛』という演目をご存知だろうか。シテが和紙で作られた蜘蛛の糸を投げる場面がハイライトで、初心者でも楽しめる人気演目のひとつとして知られている。その物語は、次のようなものだ。

平安時代中期、藤原道長の時代に実在した武将・源頼光。「頼光四天王（渡辺綱・坂田金時・卜部季武・碓井貞光）」らを率いて、大江山の酒呑童子を退治した逸話が有名だ。ちなみに坂田金時とは童話に出て来る金太郎のことである。

彼が病に伏せっていると、夜、部屋に見知らぬ法師がやって来て、病状はどうかと訊ねてきた。

不審に思った頼光が、名を訊ねると、『古今集』の和歌を口ずさみながら近づいてくる。

よく見ると、その姿は蜘蛛の化け物だった。蜘蛛

東向観音寺境内に移された土蜘蛛塚

は、あっという間に細い糸を繰り出して、頼光をがんじがらめにしようとしたが、頼光はとっさに枕元にあった名刀・膝丸《ひざまる》を掴み、斬りつけた。すると、法師はたちまち姿を消した。

騒ぎを聞きつけた頼光の家来が土蜘蛛の後をたどって行くと、化け物の住処と思しき塚が現れた。

この塚を崩してみると、中から土蜘蛛の精が現れ、また、千筋の蜘蛛の糸を放って武者らを手こずらせるも、ついに化け物を退治した。

実際に「土蜘蛛」という名で呼ばれる種類のクモは存在せず、実は「土蜘蛛」とは、上古に天皇に恭順しなかった土豪《どごう》たちを指す蔑称といわれている。彼らは朝廷から侮蔑される存在であると同時に、朝廷を脅かす存在でもあったのだ。

そんな土蜘蛛は、時代を経るに従い、人間ではなく、妖怪として定着していったようだ。

●ふたつの蜘蛛塚

化け物の蜘蛛が眠る蜘蛛塚というものは、江戸時代後期に都の神社仏閣の風景を描いた『都名所図会』に確かに載っていた。ひとつは、上京区七本松通り一条の北側の畑の中、清和院の西門前にあった「山伏塚」とも呼ばれたもの。もうひとつは、北区の船岡山の南西にあり、「頼光塚」とも呼ばれていた。

しかし残念ながら、蜘蛛塚は近代になって壊されてしまい、今ではかろうじて、その印が残るのみなのが現状だ。

「山伏塚」と呼ばれた蜘蛛塚は、現在、上品蓮台寺《じょうぼんれんだいじ》の境内にある墓所北隅の大きな椋《むく》の木の下にある。かつて、この老木を切り倒そうとした植木屋さんが、原因不明の病にかかって死んだという話もあるようだ。

また、もうひとつの蜘蛛塚（頼光塚）は、学問の神様で知られる北野天満宮西隣にある東向《ひがしむかい》観音寺の境内に移されている。元は一条にあったが、明治31（１８９８）年の開拓に伴って塚が崩されたようだ。

塚の下から発掘された石塔を持ち帰って庭に置いた人の家が、まもなく倒産し、またその石塔をもらい受けた者も家が潰れたため、元の場所に戻されたともいわれている。そしてその後、大正13（1924）年、土地区画整理のために、蜘蛛塚が北野天満宮横の東向観音寺の境内に移されたという。

京都観光で北野天満宮にはお参りしても、この蜘蛛塚の存在に気付く人は少ない。

ぜひ、機会があれば、この蜘蛛塚を訪ね、そして能『土蜘蛛』で、特に千筋の白い和紙を蜘蛛の糸のように投げる工夫を始めたという、京都に宗家が在住する唯一の流儀・金剛流の能も楽しんでもらいたい。

26

【花嫁は通ってはいけない！】

数々の逸話が伝わる一条戻り橋

●死者が生き返る橋

西陣に「一条戻り橋」という、耳慣れない名前の橋がある。見たところ、長さは8メートルほどで、決して大きくはない。豪華かというとそうでもなく、かといって古めかしくもない。気付かず通りすぎてしまうような橋である。しかし、この橋は長い歴史といくつもの逸話が伝わる、とても不思議な橋なのだ。

橋がある場所は、堀川通り一条。橋の下には、近年流れを取り戻した堀川が水音を立てている。東西に伸びる一条通りというと、平安京の北端の通りであり、この場所は都の外れであったことがうかがえる。

そんな場所にかかるこの橋は、都で亡くなった死者を、都の外にある葬送の地へ送り出す際

晴明神社に移築されている一条戻り橋。伝説の数では京都屈指

に通る橋だったのだ。いわば、この世とあの世の境界線。そう考えるだけで、この土地の持つ怪しげな雰囲気が伝わってくるのではないだろうか。

平安時代の延喜18（918）年、文章《もんじょう》博士の三善清行が亡くなり、葬儀の列がこの橋を通りかかった。その時、熊野（和歌山県）に修行に出かけていた息子が駆けつけ、柩《ひつぎ》にすがって泣き、お経を唱え始めた。

すると、なんと柩の中の父が息を吹き返したという。以来、この橋は「戻り橋」と呼ばれるようになったのだ。

●鬼も出る橋

死者を生き返らせた橋には、鬼も出た。今度は藤原道長の時代だ。渡辺綱という豪腕を誇る人物がこの橋にさしかかった時、美しい女性が声を掛けてきた。

「お武家様、この辺りは物騒ですので、どうか、私を館まで送っていただけませんか？」

怪訝《けげん》に思いながらも承諾したその時、女は鬼に豹変して襲いかかってきた。綱はすぐさま刀を抜いて、鬼の片腕を切り落とした。

「必ずその腕を取り戻しに来るからな！」と鬼は叫びながら去っていったという。

●橋の下には式神もいた！

鬼がいるなら、もう何が出てもおかしくない。

ちょうどこの橋の、堀川通りを挟んだお向かいに、「陰陽師」で知られる安倍晴明が住んでいたと言われている。陰陽師というのは古代の官職のひとつで、陰陽五行の思想に基づいた陰陽道によって占いなどをしたのだが、安倍晴明は、呪いを解いたり、手を触れずにカエルを真っ平らに潰すなど、神秘的な逸話の多い人物で、天皇や当時の権力者であった藤原道長などからも頼りにされていた人物だ。

彼の住居跡に現在の晴明神社は建てられている。近年の陰陽師ブームで参拝客は激増し、鳥居など、境内はかなり立派になったと地元では囁かれている。

晴明神社にある魔除けの五芒星（ごぼうせい）

晴明は、占いをする時に、「式神《しきがみ》」という精霊のようなものを自在に使いこなしていたという。家事は式神を使って行い、戸の開け閉めまでさせていたようだ。

しかし、その容貌があまりにも恐ろしいと晴明の妻が怖がるので、式神らをこの戻り橋の下に隠していたともいわれている。式神は、この橋を渡る人の言葉を聞いて吉凶を占ったという。

●罪人のさらし場所にも……

伝説じみた話が続いたが、今度はこの橋に伝わる血なまぐさい歴史を語ろう。

中世になると、この橋のたもとは、罪人のさらし場所になっていく。時代によっては、罪人が市中を引き回される時に通るコースに入っており、この橋を渡って刑場へ向かったようだ。戦国大名・三好長慶《ながよし》の家来であった和田新五郎は、足利将軍家の乳母と密通したことが明るみに出て、天文13（1544）年、この地で「鋸挽《のこぎりび》き」という、刑の名前を聞くだけでもぞっとするような極刑を受けた。
「鋸挽き」とは、首から下を地中に埋められ、通行人などによって少しずつ首を鋸で切られるという、なんとも残虐な刑罰であった。一気には死ねず、苦痛を訴えながら、少しずつ血を流して死んでいくのである。密通で死刑になることはあっても、このような方法が採られたのは「前代未聞である」と、当時の公家の日記『言継卿記《ときつぐきょうき》』に書かれている。

また、豊臣秀吉の時代には、キリシタン24名がこの地で左の耳を切られ、その後、処刑するために長崎へと送られている。

秀吉は、両耳と鼻をそぐよう命じたようだが、石田三成の取りなしで、左の耳だけに留められたという説がある。その後、京都市中を引き回された際に、あと2名、自ら捕まり、26名となった。彼らがいわゆる「日本二十六聖人」と呼ばれるもので、長崎には記念碑も建てられている。

●かの千利休も……

一条戻り橋に首をさらした中で、最も有名なのは、茶人・千利休ではないだろうか。堺の豪商の家に生まれ、茶を学び、若くして宗匠となり、織田信長や秀吉に仕え、茶の道を伝えた人物だ。

秀吉との蜜月はそう長くは続かず、利休は秀吉から切腹を命じられた。そのきっかけは、秀吉も通る大徳寺の三門の二階部分に利休の木像を置いて逆鱗《げきりん》に触れたとか、利休が茶器を不正に鑑定して私腹を肥やしたからだとか、はたまた利休の娘を秀吉が所望したがそれを断ったからなど、様々な説が伝わっている。

中でも利休の木像については怒り心頭に発したのか、天正19（1591）年、三門から降ろされ一条戻り橋に「磔《はりつけ》」にされたのだ。生身の人間ではなく、木像を磔にするなど前代未聞の出来事だった。そして聚楽第の屋敷内で切腹した利休の首は、この橋に運ばれ、自らの木像に踏みつけられているかのように、その足下にさらされたという。

今、観光客で賑わう晴明神社には、この場所が、かつて千利休の屋敷があったことを示す石碑が立っている。ここから一条戻り橋は目と鼻の先だ。自分が住んでいた家の前に首をさらされた利休。きっとまだ、屋敷には利休の関係者がいたのではないだろうか。主人の無残な姿を目の当たりにさせられるその辛さはいかばかりであったであろう。

●この他、迷信あれこれ

名前が「戻り橋」であるが故に、京都では昔からこんな言い伝えがある。それは、婚礼の行列はこの橋を通ってはならないというもの。花嫁さんが「出戻り」にならないようにという気遣いからである。婚約中の人も避けて通るべし。

また、霊柩車もこの橋を避けると言われている。生き返ってくれるなら喜ぶ家族もいるかも知れないが、やはりここは、故人を安らかに旅立たせてあげたいという心遣いからなのだろう。第二次大戦中には、出征する兵士がこの橋を敢えて渡り、無事に戻れるよう祈ったという話も伝わっている。

27 【余命3年にならないための処方箋】三年坂で転んでしまったら？

●恐ろしい言い伝えが残る坂

京都の観光名所ナンバーワンの清水寺。

その清水寺の参道である清水坂から北へ石段で降りる坂道には、春夏秋冬、観光客の姿が途切れることがない。重要伝統的建造物群保存地区に指定されたエリアであり、周りには八坂神社、円山公園、高台寺、八坂の塔などの観光名所が建ち並んでいる。

京都の中でも、特に京都らしい雰囲気が漂うスポットなのだ。京都を訪れる修学旅行生も、きっと皆この坂道を通っているはず。その際、こんな注意を受けているだろう。

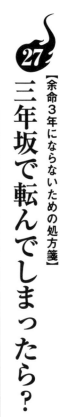

「決してこの坂道で転ばないように！」

別に傾斜がきつくて、一度転ぶと止まれなくなるとか、道幅が狭くて転ぶと後ろの観光客が将棋倒しになるからとか、そんな理由ではない。

この坂で転ぶと「3年以内に死ぬ」、「3年以内に災いが起こる」という恐ろしい言い伝えが京都に残っているからなのだ。この坂は、ズバリ「三年坂」と呼ばれている。いつのころからか、そう呼ぶようになったようだ。

ネーミングには諸説あるようだが、一説には、大同3（808）年にこの坂道が完成したからともいわれている。が、もうひとつの説、「産寧《さんねい》坂」が「三年」に変化したという説も有力である。

三年坂。特に転びやすいわけではない

●お産が軽くなりますように

「産寧坂」という名前だが、これは、お産が「寧」つまり「やすらかで落ち着いている」という意味である。身重の女性がこの坂道を上がれば、お産が軽くなるという言い伝えがあるようだ。

その「さんねい」がいつしか、「さんねん」

となり、「三年」と変化したのではともいわれている。

が、しかし、具体的にこの坂道を通ったことで、お産が軽くなったという有名な話が残っているわけでもない。

また、誰がどう考えてもこの坂道が妊婦さん向きだとは思えないだろう。

生活する中で、特に足元に気をつけなければならず、ヒールを履くこともやめて底がぺったんこの靴を履くような妊婦さんが、なぜ、わざわざ大きなお腹を抱えながら危険な坂道を通るのか。それこそ転んだら、母子もろとも命まで危険になるではないかと思うのが普通だろう。

しかし、産み月に入った妊婦さんで、医師から階段昇降をすすめられる人もいるという。予定日が近づいても、または過ぎても、なかなか陣痛が起きない妊婦さんの間で、階段の昇り降りをすると、赤ちゃんの頭が下がってきて、陣痛が促されるという話も聞く。この話を信じて、マンションの非常階段を10階近く昇り降りする強者妊婦さんもいるようだ。

しかし、ただ昇り降りするだけでは、実は陣痛は促されない。膝が直角になるくらい、足を高く上げることがコツなのだそうだ。

現代のお産でも、こうして階段昇降がお産をうながす効果があるとされているのだから、坂道を通ることでお産が軽くなる、と名付けられた「産寧坂」のお話も、案外、嘘ではないのかも知れない。

しかし、やはりあの坂道は、人通りも多く、写真を撮って周りを見ていない人や、集合時間に間に合わず、走って駆け降りる修学旅行生なども多い場所だ。どうか、妊婦さんは、気をつけて通って欲しい。

●もし、転んでしまったら……

できるだけ気をつけて歩いたつもりでも、もし万が一、この三年坂で転んでしまったら、どうしたら良いのだろうか？　「余命3年」を突然突きつけられたら……修学旅行生なら若すぎる。しかし、どうぞご安心を。

そんな方のために、この三年坂を少し上がった所に、瓢簞《ひょうたん》屋さんがお店を構えている。そこに駆け込んで、縁起物の瓢簞を購入すれば、一安心と言われている。店頭に、大小の瓢簞がズラリと並んでいるので、すぐ見付けられるはずだ。なぜ、瓢簞かというと、「角が取れて丸く収まる」という厄除けの効果があるとされているからだ。必ずしも、転んだ後でなくても良い。転ぶのを未然に防ぐために、先に購入する人もいるという。

筆者の知人が購入した小さな瓢簞のお守りストラップには、小さな瓢簞型の入れ物の中に、さらに小さな5つの、5色の瓢箪が入っていた。入れ物と合わせて6つの瓢箪。ということで、これで、「6瓢《むびょう》」つまり無病とし、「無病息災」を表しているそうだ。

瓢箪がなぜ縁起が良いかというと、形が末広がりであることや、実が鈴なりになり子孫繁栄の意、また3つ揃えて三拍（瓢）子揃ったり、知人の購入したストラップのように6つ揃うと無病（6瓢）となるなど、いくつもの説がある。ちなみに豊臣秀吉の馬印は千成瓢箪。一勝ごとに増やし、千を成さんと瓢箪を増やして行ったという。

幸い、瓢箪のご利益なのか、知人は転ばずこの坂を無事に下り、3年以上経った今も、元気でピンピンしている。

28

【お花見発祥の地なのだが……】

怨霊を鎮める場所だった神泉苑《しんせんえん》

●初めて桜を愛でた所

京都には桜の名所が山ほどある。嵐山、紅しだれの美しい円山公園、平安神宮……。お花見の季節には各所が観光客であふれ返る。実は、この「花見」という日本人が愛してやまない行事が発祥したのは、他でもない京都だ。

具体的にいえば二条城の南にある神泉苑《しんせんえん》である。現在の神泉苑は、東寺真言宗のお寺だが、元々は平安京大内裏に接して造営された禁苑、つまり天皇のための庭園であった。

平安遷都後すぐに造られたといわれ、大きな池を配していた。敷地も広大で、現在の二条通りから三条通りまであったという。

その神泉苑で、弘仁3（812）年、嵯峨天皇が「花宴の節《せち》」を開いたと『日本後紀』に

お花見発祥の地、神泉苑の桜。ここには龍神が住み着いていると言われている

記述があり、季節的に桜の時期であることから、これが日本史上初のお花見であると考えられているのだ。

また、この地は、あの源義経と静御前の出逢いの場でもあったということで、最近は恋愛成就のおみくじが人気だ。

桜といい、男女の出逢いの場といい、とてもロマンチックなスポットなのだが、残念ながらここもいわくつきの場所である。

ここは京の都を襲った6人もの怨霊を鎮めるための「御霊会《ごりょうえ》」を行ったからだ。これは、思いがけない死を迎えた者が怨霊となって祟るのを防ぐための、鎮魂の儀礼だ。

当時は怨みを残して死んだ者や、非業の死を遂げて祀られぬ霊魂は、この世に祟りをなし、災いを起こすとされていた。

ではどんな人々がどんな怨念を抱き、都に災いをもたらそうとしたのだろうか。

●神泉苑で行われた御霊会とは？

今から1150年前、当時、都をはじめ、全国的に疫病が蔓延し、多くの人が亡くなっていた。こんなに民が亡くなるのは、何かの「怨霊」のせいではないかと、朝廷は当時、既に京中のあちこちで行われていた「御霊会」を、神泉苑で行うことにした。それが、「御霊会」の最古の記録、平安時代前期、貞観5（863）年のものだ。

その内容は、単に祈りを捧げるだけではない。歌を歌い、舞を披露し、童子を着飾らせて弓矢を射させ、相撲や騎射の芸、比べ馬などをさせたと『日本三代実録』という歴史書には書かれている。かなり盛りだくさんのお祭り騒ぎだ。

この華やかな催しの数々は、天皇や貴族が見て楽しむためではない。それは、「六所《ろくしょ》」と呼ばれる6人の物故者の御霊を慰めるためであった。

彼らの最期はそれぞれ悔しさと無念に満ちている。

・伊予親王（桓武天皇の第三皇子。母とともに謀反を疑われ、服毒自殺）
・伊予親王の母・藤原吉子（右に同じ）
・藤原仲成（薬子の変で、妹・薬子とともに政治を混乱させたと死刑に）
・橘逸勢《はやなり》（謀反を疑われ、伊豆配流中に病没）
・文室宮田麻呂（謀反を疑われ、伊豆へ追放され、そのまま没する）

これら5人の最期も相当な恨みが漂っていそうだが、「六所」の中で最も有名なのが、これからご紹介する6人目、早良《さわら》親王（崇道《すどう》天皇）であった。早良親王はどんな恨みを抱き、都人に恐れられるような怨霊になってしまったのだろう。

●絶食してまで無実を訴えた無念の弟

早良親王は、あの、平安京を作った桓武天皇の実の弟であった。そして、桓武天皇が平安京を作るきっかけとなったのも、またこの弟であったのだ。

奈良の既存勢力から逃れ、はじめ、長岡京に都を移した桓武天皇であったが、その翌年、延暦4（785）年、桓武天皇の側近で、長岡京造営の長を務めていた藤原種継《たねつぐ》が何者かに暗殺される事件が起きた。腹心を失った桓武の怒りは凄まじく、関係者を次々と厳罰に処していった。その中で、弟である早良親王も、この事件に関係しているのではと嫌疑を掛けられたのであった。

早良親王は無実を訴えるも、この事件に連座したとして、廃太子となってしまう。それだけでなく、乙訓寺《おとくにでら》に幽閉され、さらに淡路島に流される途中で絶命したという。それは潔白を叫んでの彼の絶食、つまりハンガーストライキの結果であった。遺骸は都に戻されることなく、そのまま淡路へと運ばれた。そこから、桓武天皇は、弟の怨霊に悩まされ続けることになるのである。

弟・早良親王を流罪とした桓武天皇延暦7（788）年、桓武天皇の夫人・藤原旅子が30歳の若さで亡くなった。翌年には、実母が、そしてその次の年には、皇后・乙牟漏《おとむろ》と、夫人の坂上又子が亡くなった。身内の不幸が数年続いたのである。

しかし、それだけではなかった。桓武の治める世の中で、日照りや洪水、疫病が次々に発生し、民も苦しんでいた。

そして、延暦11（792）年ころには、陰陽師の占いによって、皇太子の安殿《あて》親王（平城天皇）が原因不明の病に悩まされているのは、早良親王のたたりであるとされたのであった。

この頃から、桓武天皇は、この縁起の悪いことだらけの長岡京を捨て、新しい都を考え始めたようだ。こうして次の候補地となったのが平安京であった。2年後「鳴くよううぐいす平安京」は、こんな紆余曲折の末にできたのであった。

しかし、桓武天皇はまだ安心しきれなかったのか、延暦19（800）年に、早良親王に対して「崇道天皇」という尊号を追贈している。また、淡路に建てた寺を、後に大和国（奈良県）に移している。そして、延暦25（806）年にはついに、種継暗殺事件に関わった全ての者を許した。

もう、これ以上、国造りを怨霊によって悩まされるのは御免だったのだろうか。それだけ、桓武が弟の怨霊を怖れ、常にその影におびえていたことが伝わるエピソードである。

●八所も存在する

こうしてこの無念の最期を遂げた6人の御霊「六所」は、御霊会で祀られた。

しかし、現在、京都にはこの6人にさらに2人を加えた「八所」を祀る神社が存在する。それが、上御霊神社と下御霊神社だ。

加えられた2名とは、吉備聖霊（吉備真備《きびのまきび》とも）と火雷神（菅原道真とも）だ。

ただし、下御霊神社では、吉備真備は大変成功した人物であり、また、憤死した人物ではないため、御霊には当たらないとし、「当社では六座の御霊の和魂《にぎみたま》と解釈しております」としている。和魂は荒々しい荒魂《あらみたま》に対し、雨や日光の恵みなど、神の優しく平和的な側面を持つ。

また、上御霊神社では、伊予親王・藤原仲成にかわって井上大皇后（井上内親王）、他戸《おさべ》親王があてられている。現在の京都が平安を保てているのは、人々が、こうした御霊を鎮め、祀り続けているからなのかも知れない。

29 【宮様を巡る哀しい伝説】魂が宿った人形 万勢伊さん

●にんぎょう、ではなく

「人形」という漢字の読み方は、「にんぎょう」と読むのが一般的だろう。しかし、京都では「ひとがた」という読み方も決して珍しくはない。

神社にお参りすると、その傍らに、時折、大の字のような、人の形をした白い紙が白木の台に置かれているのを目にする。その紙に氏名と年齢を書いて、その紙で身体を撫で、息を吹きかける。何のためにこんなことをするかというと、その人の形をした紙に、自分の「穢《けが》れ」を移すためなのだ。そして、身代わりとなった人形の紙を奉納して完了。

上賀茂神社では、6月末の夏越大祓の時、この「人形流し」という行事が行われ、身代わりとなった人形は、百人一首でお馴染みの「ならの小川」に流され、穢れとともに去っていく。

この人形（ひとがた）に名を書き、穢れを移す（護王神社）

他の神社でも、川に流さずとも、本殿に奉納するなどは行っている。人形というものは、こうして「身代わり」的な性質があるものなのだ。

●京の人形寺

お人形というものは、情が移ってしまい、最後、なかなか捨てにくいものである。そんなお人形を供養してくれるお寺がある。上京区堀川寺之内の門跡《もんぜき》寺院・宝鏡寺だ。

このお寺は、室町時代に光厳天皇の皇女・華林《かりん》宮《のみや》恵厳禅尼《えごんぜんに》によって建立されて以後、多くの皇室の女性達が代々住職を務めた由緒ある門跡寺院で、百々《どど》御所という御所号も賜っている。

幕末には、孝明天皇の妹で、公武合体政策のために江戸へ下り、14代将軍・徳川家茂に嫁いだ皇女和宮も、幼いころ、この宝鏡寺で貝合わせや双六、またお庭で鞠をついて遊んでいたといわれる。この深いつながりのため、和宮の死後、遺愛の品を形見分けとして収めているほどだ。

そんな皇室との深いご縁もあって、宝鏡寺は、御所からお人形を賜ることが多かった。戦後、文化的にも貴重なお人形をひと目見てみたいという声もあり、昭和32（1957）年から人形の一般公開が始まる。そして、年に一度、人形供養も行われるようになり、いつしか、「京の人形寺」と呼ばれるようになっていったようだ。

●夜回りをする人形　万勢伊さん

数あるお人形の中で、有名なのが「万勢伊《ばんぜい》さん」と呼ばれるお人形だ。容貌は、あどけない子供を表現した可愛らしい御所人形のようなものではなく、どちらかというと中年女性のような風貌だ。一説には、宮様にお仕えした女性をかたどったものともいわれている。

万勢伊さんは、「三折」というタイプの関節を曲げることが可能なお人形で、足を折り曲げると、きちんと正座させることもできるほか、季節ごとの着せ替えの着物や、万勢伊さんが持てるような小さな小さな、5ミリ幅ほどしかない人形用の人形があるほど、大変お道具持ちのお人形である。さらに、万勢伊さんにはお付きのお人形までいるという。「おたけさん」と「おとらさん」だ。このふたりも、三つ折りで、正座させることができる。

万勢伊さんは、二十二代門跡となった本覚院宮《ほんがくいんのみや》に愛されたお人形といわれている。それが、いつしか宮様の魂を宿し、「宮様をお守りしたい」という一心から、夜な夜な境内の見回りをするようになったというエピソードが伝わっている。髪の毛が伸びるとか、位置が変わるとか、そんな人形の怖い話は多々あるが、万勢伊さんは、宮様を思う余りお人形自らが夜回りを買って出るのだ。なんとも微笑ましいではないか。

それほど宮様は、この万勢伊さんを可愛がったということなのだろう。

幼くして父母と別れ、ある意味人身御供として仏門に入る皇女達。彼女達は、お人形遊びを通して家事や礼儀作法などを学んだとも考えられる。そして、お人形達は、寂しい気持ちを紛らわすための心の拠り所としての役割も大きかったことだろう。

本覚院宮がこの世を去った後も、夜回りをやめようとしなかった万勢伊さん。このお人形から魂を抜いてあげる儀式がきっかけとなり、現在の人形供養に続いているという。

人形は、持ち主の心を映す鏡ともいわれている。心が宿るお人形が、暴走してしまわぬよう、宝鏡寺には、「人形のお守り」というものも授与されている。

人形が、不幸を招く存在にならぬように……。

第四章　本当に怖い京都の話

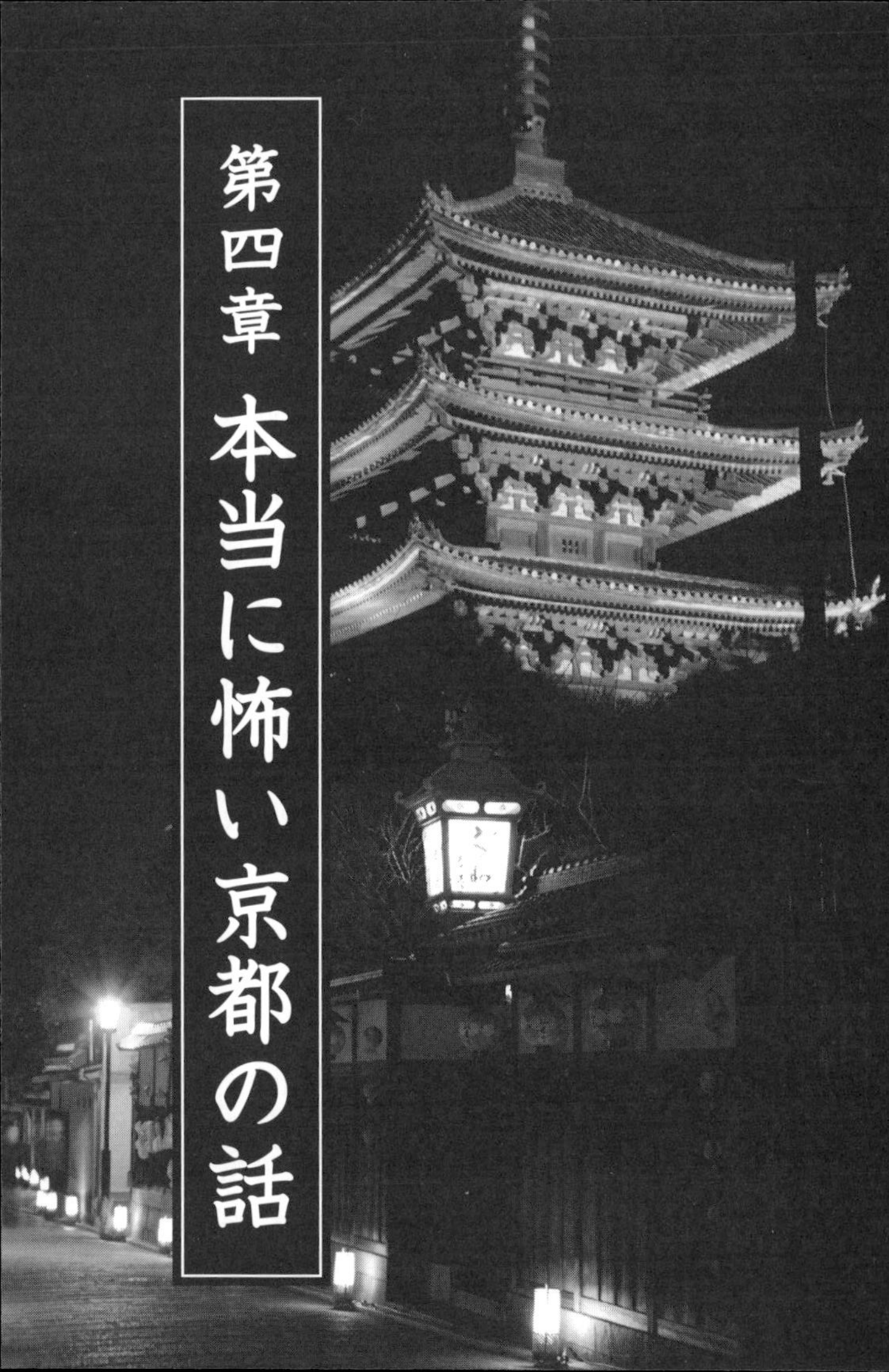

30

【良縁に恵まれるのはいつの日か】

こんなにある京の縁切りスポット

●一番人気！　安井金比羅宮

京都には有名な縁切りスポットがいくつもある。

昔から、貴船神社の奥宮や下京区にある鉄輪《かなわ》の井戸などは有名で、古典や能楽の演目に登場するほどだが、近年の一番人気は、祇園にある安井金比羅宮《やすいこんぴらぐう》ではないだろうか。

この安井金比羅宮、境内に入ると真っ白な「かまくら」のようなものが目に飛び込んで来る。その周りを女性達がとぐろを巻くように並び、何やら順番を待っている様子。

近づいてみると、そのかまくららしき物体は大きな石で、高さは1・5メートル、幅は3メートルほどもある。その表面に幾重にも白い紙の御札が貼られているため、遠目には白い雪のようなかまくらに見えるのだった。

かまくらではない。願い事が書かれた御札で埋め尽くされた石（碑）だ

このかまくらのような物体を「縁切り縁結び碑《いし》」と呼ぶ。碑が見えないほど貼られた白い紙は、願いを書いた「形代《かたしろ》」といって、身代わりのお札である。

彼女たちは長い行列を成し、にこやかに談笑しながら順番を待っている。意外にも、ひとりで深刻な顔をして縁切りに訪れる女性より、楽しそうにグループで訪れる女性が多いように感じる。彼女たちはここで「縁切り」のお願いをし、悪縁を断ちきって、「良縁」の招来を願っているのだ。

御札や境内の絵馬に書かれた願い事を見てみると、実に様々な縁切りのお願いがあることに驚き、思わず見入ってしまう。

「ずっと縁遠いこの境遇を断ち切って、良いご縁に恵まれますように」といった微笑ましいお願いは珍しく、**「大好きなA君がB子と別れて、私と付き合**

無我夢中で石をくぐる女性。切りたいご縁は何？

えますように」などという直接的な願いが多い。しかし、これでもまだまだ可愛いものだ。

「社内恋愛でうまく行かなかったCが会社をクビになりますように」「D男の彼女が同棲を解消して、病気で死んでくれますように」「夫が一日も早く死にますように」など、おどろおどろしい願いがさらっと書かれている。それも実名である。男女間、夫婦間には色々あるものだなぁ……と、読み始めると、止まらなくなってしまう。

意外に強烈なのが、母親が書いた絵馬や御札だ。**「息子の縁談がダメになりますように」「娘が早く目を覚ましてあの男と別れますように」「息子の嫁が早く病死してくれますように」**なんていうのもあった。

これを目にしてしまうと、さっきまで、ケラケラ笑って順番を待っていた若い女性達が、実は不倫相手の男性の妻を呪い殺そうと企む女だったり、憎い相手を地獄に突き落とさんとしている者たちなのでは？　と疑心暗鬼になってくる。そんな筆者を尻目に、彼女達は、あっけらかんと縁切りを敢行するのだ。

●縁切りの作法

この縁切りには作法がある。まず、本殿を参拝し、願い事を書く御札（形代）に、切りたい縁、結びたい縁などの願い事を書く。形代は神霊が依《よ》り憑《つ》く依り代の一種で、人間の霊を宿したい場合は人形《ひとがた》を用いるなど、神霊が依り憑き易いように形を整えるのが決まりだ。祓い人形を水に流す「流し雛」も形代の一種と考えられる。

そしてこの御札を持ちながら、例の巨石の穴をくぐるのだ。最初はこの石の表から裏側へ。そうやってまず悪縁を絶つ。そして今度は逆側からくぐり、良縁を結ぶ。最後に御札を貼って完了だ。

穴は決して大きくはなく、少しメタボ気味な人には厳しいかも知れない。が、しかし、女たちは、そんなことはすっかり忘れ、スカートの裾も気にせず無心でくぐる。出て来た時には晴れやかな顔をして、ピースサインをしながら友達に写真を撮ってもらう姿もよく見かける。表面は明るいが、彼女たちの心の奥には一体どんな情念が渦巻いているのだろう……。ある意味、京都一の恐怖スポットかもしれない。

●実は崇徳上皇ゆかりのスポット

ところで、この神社がなぜ縁切りスポットなのか？　それは、ご祭神の崇徳上皇に関係している。そう、平安末期、保元の乱で敗れ、四国の讃岐に流され、都に帰る願いを聞き入れられぬまま亡くなった人物だ。あまりに恨みが大きいせいで、日本一の大魔王となった怨霊として知られている。崇徳上皇が亡くなる前の6年間、あらゆるものを断って、国家安泰を祈願成就したことから、「断ち物祈願」の御利益がいわれるようになったようだ。

縁切りと良縁結びの御利益を求めて全国からやってくる人々のために、神社のお守りも充実のラインナップだ。和歌が書かれた「縁みくじ」には、「あなたがご縁を持っている方との悪縁度」として、悪縁度数がパーセンテージで表示されている。

「縁結び」単独のお守りはもちろんあるが、「縁切り」とセットになったお守りも人気だ。

また、あの御札がびっしり貼られて白いかまくらのようになった巨石と本殿がかたどられ、蓋を開けると3Dで飛び出す絵本のようになっている「卓上神棚」も隠れた人気だ。

●縁切り　裏スポット

祇園の安井金比羅宮が明るい、いわば表の縁切りスポットだとすると、もっと深刻で、誰にも見られずひとりお参りしたくなる、そんな裏のスポットとして存在感を醸しているのが、河原町二条にある法雲寺だ。ご神体は、菊野大明神と呼ばれる縁切り石だ。

お寺に伝わる話によると、昔、三条東洞院に、婚礼のために近くを通ると、その後に必ず夫婦が別れてしまうという石があったという。法雲寺が天明8（1788）年の大火で全焼し、15年後に再建する際、山伏が現れて「霊石があるのをご存知か。お祀りするように」と言われ、当時の住職が霊石を探したところ、この「縁切り石」が出てきたという。

また、この石は、一説には小野小町に恋焦がれて百夜通いをした深草少将が腰掛けて休んだ石ともいわれている。少将は、願いが叶うまであと一夜を残して亡くなり、その石に無念の想いがこもって、近くを通る男女を別れさせるというお話だ。そんな歴史ある法雲寺なので、京都では、婚礼の際には近くを通らないという習わしも伝わっている。

さて、この寺にも行ってみたところ、安井金比羅宮とは打って変わり、静かで落ち着いた雰囲気が漂っていた。しかし、お願い事を書く護摩木には、例によって、怨念渦巻く穏やかでない文言が多いという。恋人が別れてくれない、ストーカーの悩み、泥沼離婚調停中――などなど。皆、悪縁を断って良縁を結びたいのかと思いきや、訪れる人のほとんどが、とにかく悪縁だけを断ちきりたい人ばかりという。また、参拝者の9割は女性らしい。

昭和63（1988）年に改装するまでは、薄暗いお堂の中の祠に、恨みのこもった願書が重なるように貼られたり、お願い事に添えてぐるぐるに巻いた女性の髪や、五寸くぎを刺したわら人形が置かれるなど、異様な雰囲気だったという。

しかし、今も、祠の辺りは薄暗くひっそりした雰囲気で、取材とはいえ少し後ずさりしたくなる雰囲気があった。積み重なった女性たちの怨念の成せる業だろうか。

●心の平安が来る日はあるのか

これらの縁切りスポットでのお願い事には、もちろん「病気との縁を切って元気になりたい」とか「お酒、煙草を断ちたい」といった願いもないわけではない。しかし、実際に掲げられた願いの多くは「別れたい、別れさせたい」というものがとにかく目につく。

思い悩む女性の、なんと多いことか！　彼女達に心の平安が訪れる日が来るのを願うと同時に、負の念を送るのは止めて、明日へ向けて一歩を踏み出し、新しい世界に目を向けて欲しいと思った。どこかに、あなたを待っている人は、きっといる。

31

【苛烈な弾圧の傷跡】

元和キリシタン殉教の石碑

●京都におけるキリスト教の歴史

キリシタンというと、日本では長崎を思い浮かべがちだが、京都にも多くの足跡が残っている。織田信長の庇護の下、建てられた南蛮寺。信長が襲われた本能寺からわずか110メートルほど離れた所にあった。

この南蛮寺は、天正15（1587）年、次の天下人となった豊臣秀吉が出したバテレン追放令により、翌年、破却されている。今は、室町に「南蛮寺跡」という石碑が残るのみだ。

一度、秀吉の禁教令で弾圧されたキリスト教だったが、秀吉の死後、徳川政権が樹立されると、キリスト教の布教が自由になった。これは、徳川政権による交易政策の一面ともいえる。

そのころ、京都では、新たに天主堂が復興されている。上京区油小路通と元誓願寺通り辺りにあった「慶長天主堂」だ。破却された南蛮寺よりもはるかに美しく、宣教師が常駐し、荘厳なミサが執り行われ、付近には学校も設けられたという。そんな天主堂だったが、これもまた、慶長17（1612）年の徳川政権の政策転換により、直轄地を対象に禁教令が布かれ、天主堂は焼き払われたという。

●京都の大殉教

京都市内にはキリスト教にまつわる、ある名前の町が複数あったという。「だいうす町」だ。「だいうす」とは「デウス」、ラテン語で「神」を指し、そこには多くのキリシタンが住んでいたという。そのうちの一カ所、四条堀川の南東、下京区菊屋町あたりにも、かつては聖堂が建てられ、信者たちが住んでいたという。

しかし、その町から信者たち36名が役人に引き立てられ、牢獄に連れて行かれることになった。元和5（1619）年1月のことだ。その後も、引き続いて京都に住む信者たちが捕らえられ、人数は増えていった。が、獄中の環境が悪く死亡者が続出したという。

京都所司代の板倉勝重は、キリシタンを黙認する姿勢を取っていたようだが、二代将軍秀忠は禁教を強化する方針で、勝重も庇い切れなくなっていった。そして、ついに秀忠は、直々にキリシタンの処刑を命じた。10月6日、52名の信者達が荷車に乗せられて都大路を引き回された。向かったのは、六条河原の刑場だった。

並べられた十字架の数は二十数本。ひとつの十字架に複数人がくくりつけられたことがうかがえる。十字架は、すぐ近くにある豊臣秀吉が建てた方広寺の大仏殿に向かって見せしめ的に並べられたという。

52人の中には、十歳に満たない幼い子供たちが数名いたという。中でもヨハネ橋本太兵衛、妻テクラと5人の子供の殉教が、特に人々の涙を誘った。

うち3人の子供と一緒に縛られたテクラは、最期まで我が子らを強く抱き締めていたという。夕刻、刑は執行され、燃え上がる炎が天を焦がしていった。

ある記録によると、殉教者の数は52人ではなく53人という説がある。その一人とは、殉教者の中に、子供を身ごもった者がいたという記録があるからとされている。こうして京都におけるキリシタンの処刑、キリシタンにとっ

当時のキリシタン殉教を今に伝える石碑

ては〝殉教〟が行われたのであった。

●獄吏たちの真心

厳格に刑を執行した幕府であったが、現場の獄吏たちの優しさが伝わるエピソードがある。二十数本の十字架は、なぜか狭い範囲に集中して立てられた。というのも、その方が火が付けられた際に一気に燃えあがるからだ。少しでも苦しみの時間を短くしてやろうという獄吏たちの真心が感じられる。

しかし、その後も幕府によるキリシタン取締は強まる一方だった。元和8（1622）年には、長崎で55名もの信者を処刑した。三代将軍家光もこの政策を引継ぎ、厳格化していく。元和9（1623）年12月には、江戸高輪で51名を処刑した。この、京都、長崎、江戸での殉教を、日本のキリシタン殉教史において「大殉教」というようだ。

キリシタンたちは皆、「殉教」することを「喜び」ととらえ、旅立っていった。徐々にその事実を思い知った幕府は、彼らを死刑にするのではなく、苛烈な拷問にかけて棄教させるという方針に転換していくのであった。

32 【許される日は来るのか？】時代祭りに参加できない新選組

●意外と新しい時代祭

毎年、10月22日に行われる「時代祭」は、京都三大祭のひとつだ。

平安神宮のお祭ということで、「平安」という響きにつられて、つい、平安の昔から続く歴史あるお祭と思っている人も多いかも知れない。また平安神宮も、桓武天皇のころからあるものと思っている人も多いだろう。

しかし、実は両者とも、長い京都の歴史の中では新参者だ。

明治時代になり、天皇が京の都を離れられ、意気消沈した京の街。それを何とか活気づけようと、平成25（2013）年の大河ドラマ『八重の桜』でも知られるようになった京都府顧問の山本覚馬（八重の実兄）や京都府知事の槇村正直らによって、京の街は、急激に近代化し、

楠公（楠木正成）の吉野時代の甲冑は華やかで人気だ

発展していく。

明治初期にふたりが計画した近代京都のまちづくりの中に、京都で博覧会を開くというものがあり、その発展型として、明治28（1895）年4月に第4回内国勧業博覧会が左京区岡崎地域で行われた。その目玉パビリオンが、平安京の大極殿を8分の5に縮小復元したもので、博覧会開会直前、桓武天皇をご祭神としてお迎えし、「平安神宮」として創建されたのだ。

その年の秋、平安京ができて1100年の記念の年ということで、記念祭と式典が行われ、最終日には時代行列が行われたという。その時はまだ6つの列しかなかったようだが、これが、「時代祭」のはじまりなのだ。

●時代祭のラインナップ

葵祭、祇園祭という千年以上続くお祭と比べると、時代祭はまだまだ新しいお祭なのだ。

時代祭の行列は、平安から幕末維新までの様々な時代の衣装を身にまとうが、その参加人数は2000人にものぼり、行列の長さは2キロにもなる。先頭から最後列までじっくり見ると約2時間はかかるのだ。

牛車をひく牛2頭、馬約70頭、調度品類は1200点にも及ぶ。実は各時代の衣装の再現には厳密な時代考証がなされており、衣装をつくる生地の糸づくりから、できるだけ当時の製法にこだわっている。従って客の目の前を通る牛車の音は、平安の昔、都大路に鳴り響いていた音と同じはずなのだ。

さて、時代祭の行列は、維新の時代から平安時代へと時代を遡る形となっている。

平成18（2006）年までは、次のような並びだった。

維新勤王隊列（戊辰戦争の際、朝廷のために官軍としていち早く駆けつけた山国隊）

維新志士列（桂小五郎、西郷吉之助、坂本龍馬など）

徳川城使上洛列（江戸の将軍が京の帝に送る使者の列を再現）

江戸時代婦人列（和宮や出雲の阿国など）

豊公参朝列（豊臣秀吉が息子・秀頼元服の報告に参内するところを再現）

織田公上洛列（織田信長が足利義昭を奉じて上洛する図。戦国武者行列）
楠公上洛列（後醍醐天皇上洛を先導した楠木正成の列）
中世婦人列（淀殿や静御前、洛北の大原女などの女性列）
城南流鏑馬列（後鳥羽上皇が流鏑馬を隠れ蓑に全国から武士を集めた逸話に基づく列）
藤原公卿参朝列（平安時代栄華を極めた藤原一門の公達たち）
平安時代婦人列（紫式部、清少納言、小野小町など）
延暦武官行進列（坂上田村麻呂ら平安初期の武官）
延暦文官参朝列（桓武天皇や最澄、空海がいたころの事務系官僚たち）

この後、神饌講社列（祭の神饌物を奉納する）、前列（胡蝶などの衣装の列）、神幸列（ご祭神である桓武天皇、孝明天皇が乗られたご鳳輦など、祭のメイン列）が続き、その後ろを白川《しらかわ》女《め》献花列と桓武天皇を警護した弓箭《きゅうせん》組列が続くのだが、ある時代が抜けていることにお気付きだろうか？

そう、室町時代の足利将軍家が列に入っていなかったのだ。足利尊氏は後醍醐天皇に刃向かったと逆臣扱いされていたため、足利家は時代行列から外されていた。やはり天皇あっての都。京都の人は、天皇に背く人物など絶対に許せないのだ。

また、幕末の人物の中には、京都守護職を仰せつかった会津の松平容保や新選組も入っていない。会津藩は、京都のために働いたにもかかわらず、なぜか評判が悪いのだ。もちろん、薩長中心で出来た明治時代に、会津を堂々と讃えることは難しかった面もあったかも知れない。しかし、それを割り引いても、京の街で暴れまくった新選組は京都の人からは、実は迷惑な記憶の方が強かったようだ。

しかし、そうやって外されていた人々も少しずつ復権してきた。平成19（2007）年から、「室町幕府執政列」と「室町洛中風俗列」が加わり、足利尊氏は、ようやく京の街を練り歩くことを許されたのだ。

いつの日か、新選組も京都の人々に許される日が来るのだろうか……？

33 【妖怪の聖地として町おこし】百鬼が夜行した妖怪ストリート

●妖怪電車が走る京都

新選組の壬生屯所があった場所からほど近い四条大宮駅から、風光明媚な観光地・嵐山にかけて、ここ数年、夏に「妖怪電車」なるものが運行されているのをご存知だろうか？

その電車は、「嵐電《らんでん》」の愛称を持つ京福電鉄が企画したイベントで、平成19（2007）年に、沿線の東映太秦映画村で開催された「世界妖怪会議」に合わせて始まったようだ。

どんな電車かというと、車内はブラックライトで青白い光が灯り、薄気味悪いＢＧＭ、いかにも妖怪がいそうな雰囲気の中、本当に妖怪が電車に乗っている……というもの。

一般の人は、普段の運賃を支払うのだが、一見して妖怪と見える衣装、メイクなどで化けてきた人については、50円で乗車でき、車内で存分に乗客を怖がらせたり、また、それぞれのコ

浮世絵師、河鍋暁斎（かわなべきょうさい）が描いた百鬼夜行

スプレを楽しめるのだ。

最近は、AKB48にちなみ、「妖怪総選挙」も実施され、妖怪電車用フェイスブックに妖怪各々の写真をアップし、「いいね！」と評価された数などを参考に優勝者が決まるという動きもあるようだ。

しかし、妖怪会議が開かれたとはいえ、この電車がなぜ、その後もずっと続いているのか？　それにはワケがある。

京都という土地、とりわけ、嵐電沿線には、妖怪と深い関わりのある場所があるからだ。それが、一条通り、中でも現在の大将軍商店街辺りなのだ。

●妖怪ストリート

嵐電北野白梅町駅の東南、北野天満宮の南側にある大将軍商店街は一条通りにある。実はこの通りは、道幅はかなり狭くなったものの、平安の昔からほぼ変わらず「一条通り」として同じ場所に存在している。

この一条通りを、かつて妖怪たちがウヨウヨと行列をなして通ったという怪異現象が伝わっている。それが「百鬼夜行」と呼ばれる伝説だ。『今昔物語集』には、深夜、鬼の行列に出くわした者が九死に一生を得る説話がいくつか記されている。

まだ若き安倍晴明が、陰陽師の師のお供をしていると、妖怪の行列が前からやって来るのが見えたため、居眠りしていた師に伝え、師は鬼たちから姿が見えないように対処し、事なきを得た。これを機に晴明は師に見込まれ、陰陽師の術を伝授されることになったという話も載っている。

また、この通りを歩いた妖怪たちを絵にしたものも広く知られ、特に室町時代の作で、あの一休さんがいた大徳寺真珠庵所蔵の百鬼夜行絵巻は有名だ。

そんなこともあって、大将軍商店街では、この一条通りを「妖怪ストリート」と命名し、各商店が妖怪に因んだ取り組みを心がけている。

例えば、「お食事処　いのうえ」では、真っ黒な器に真っ黒なスープ、その中から紫色をした麺がのぞき、血のように真っ赤なパプリカがトッピングされ、中央に鬼太郎の目玉おやじかと一瞬見まごう、ピータンを使った煮玉子を配するという徹底ぶりの「妖怪ラーメン」が人気だ。お味は意外とあっさりでスープも美味である。

また、「モノノケ市」は、全国から様々な妖怪作家、サークル、企業が集まり、妖怪をテーマにしたオリジナルの雑貨、陶器、アクセサリー、同人誌、写真集、ぬいぐるみ、衣類などを販売する「妖怪アートフリーマーケット」として毎回盛況だ。

さらに、妖怪の格好をしてこの一条通りを行進し、現代に「リアル百鬼夜行」を蘇らせようという行事も大人気。

妖怪といえば、水木しげるの出身地・鳥取県を思い浮かべる人も多いかも知れないが、京都の一条通りは歴史的にも「妖怪の聖地」としての強いブランド力を持っていて、それを存分に活かしているのがこの商店街、そして電車といえるだろう。

●もったいないお化けの付喪神

ところで、百鬼夜行絵巻に描かれる妖怪、お化けの主役は、鬼や幽霊ではなく、意外なことに身の回りにある日用品であることが多い。欠けたお茶碗や破れた傘、弾かなくなって捨てられたお琴、石臼や鍋、壺など、日常の生活で使うものがお化け、すなわち「付喪神《つくも》」となって描かれている。

付喪、とは九十九《つくも》のことで「長い時間（九十九年）や経験」、また100から1を引いて「白」となることから「白髪」も連想させ、「長い時間や経験を経て神に至る物（者）」を表す。

これは、室町時代の軽工業の発達で、生活道具が大量に出回るようになり、身の回りのものが安易に消費されるようになったことと無縁ではないだろう。ただし、そうした物を捨てることは、手入れの疎かな古道具を安易に用いることによる破損や事故の回避でもあるようだ。

日本人には古《いにしえ》から、あらゆるものに神様や魂が宿るという八百万《やおよろず》の神への信仰が根付いている。だから、日用品が化けて人間を戒めるというストーリーが成立したのであろう。

平成16（2004）年、ケニア出身の環境保護活動家、ワンガリ・マータイさんは、環境分野で初めてノーベル平和賞を受賞したが、彼女が広めた言葉「MOTTAINAI」は、遠い遠い昔、この一条通りで、妖怪達が最初に広めたのかも知れない。

34 【西陣の少年と少女の約束】悲しい鐘の物語 報恩寺

●つかずの鐘の伝説

西陣に、重要文化財にも指定されているにもかかわらず、その音を滅多に響かせることのない名鐘がある。平安時代に鋳造された報恩寺の「つかずの鐘」だ。「つくと不吉なことが起きる」という言い伝えから、いつしか使われなくなってしまったこの鐘には、西陣で働く少年少女の悲しい物語が伝わっている。

かつては、この辺りの織屋《おりや》では朝夕に鳴る報恩寺の鐘の音を合図に、一日の仕事をしていた。この寺の近くに、15歳になる織屋の丁稚《でっち》と、13歳の織女がいたが、ふたりは顔を合わせるといつも喧嘩をする、いわゆる犬猿の仲だった。

ある時ふたりは、「報恩寺の鐘の音は、夕方は何回鳴るか」をめぐって言い争いになり、とうとう賭をすることになってしまった。

「8つだ」と言い張るのは丁稚少年。「いいえ、9つよ」と言い返す織女の少女。

ふたりは、負けた方が何でもするという約束をして別れた。

問題はその後だった。少年は、寺で鐘をつく男を訪ね、夕方の鐘の数を聞いて愕然とする。答えは9つ、ということは少女の言い分が正しかったのだ。

しかし、あの娘には何が何でも負けられない、負けたくない。

そこで、少年は、「そこを何とか。今日だけは、鐘を8つにしてくれないか」と頼み込んだ。寺の男は事情も知らずに安請け合いしてしまった。

そしてその日の夕方、報恩寺の鐘の音が鳴り始めた。ひとつ、ふたつ……7つ、8つ。

「あれ？　どうして今日は9つ目が鳴らないの？」

少女はそう感じたに違いない。しかし、この日に限っては8つ目で鐘の音は鳴り止んでしまった。

少年はそれみたことかと、思いきり少女を罵った。その悔しさのあまり、なんと少女はその夜、報恩寺の鐘楼に首を吊って自ら命を絶ってしまった。

そんな謂われのある鐘なので、お寺もいつしかつかなくなってしまったようだ。つくのは、一年に一度だけ、大晦日の除夜の鐘のみなのである。

もともとは、応仁の乱の時、東軍の畠山氏が戦いで用いた鐘ともいわれ、その後、豊臣秀吉も愛用したと伝わる名鐘ではあるが、こうして、今も音色を響かせることがない、哀しい「つかずの鐘」なのである。

魔除けの鍾馗（しょうき）さま。西陣の町家でよく見かける

●秀吉を眠らせなかった虎の絵

報恩寺には、鐘以外にも見どころがある。

宋、もしくは明の時代の中国で描かれたと考えられる『鳴虎図』である。写実的な技法で虎の毛の一本一本も丁寧に描かれており、まるで虎が飛び出して来るかのような迫力満点の絵だ。

この絵を豊臣秀吉がたいそう気に入り、聚楽第に持って来させたところ、夜中になると、絵の方から虎の吠える声が響いて止まない。秀吉は眠ることもできなかった。

きっと虎は寺へ帰りたいのだろうと、秀吉はすぐに絵を寺に返したと伝わっている。この絵にちなみ、地元ではお寺を「西陣の鳴虎さん」と親しみを込めて呼ぶこともある。『鳴虎図』は、原則、寅年のお正月三が日のみ公開されている。

●黒田官兵衛の長男ゆかりの寺

実はこの寺、平成26（2014）年の大河ドラマ主人公・黒田官兵衛の長男で、戦国大名として大活躍した黒田長政が最期を迎えた場所でもある。

長政は、松寿丸《しょうじゅまる》と呼ばれていた幼いころ、父・官兵衛が織田信長に服属したため、その証として人質に出された。信長は、官兵衛の義理堅さに感服し、松寿丸を当時長浜城主だった秀吉に預けた。その頃の長浜城には、のちの福島正則、加藤清正らが居り、秀吉の妻・おねが、彼らの母親代わりとなって育てていたという。

しかし、中国攻めの最中、父・官兵衛が敵城の有岡城で約1年にわたって監禁される事件が起きる。信長は、帰還しない官兵衛の離反を疑い、人質の松寿丸を斬るように命じた。

そんな松寿丸の命を救ったのは、秀吉の軍師・竹中半兵衛であった。半兵衛の機転で、地域で病死した男の子の遺体を替え玉として差し出し、命を救ったのであった。

後に、官兵衛が解放され離反の疑いが晴れると、黒田父子は秀吉の備中高松城攻めに出陣。

これが長政の初陣であった。この後、彼は、賤ヶ岳の戦い、関ヶ原の戦い、そして大坂の陣など、名だたる戦いに参戦している。

そんな長政は、元和９（１６２３）年7月、二代将軍秀忠の上洛に伴い入洛。その際に報恩寺を利用した。しかし、その時すでに長政の身体は病魔にむしばまれていた。胃がんだったとも言われている。将軍から見舞いの使者が遣わされるも、8月4日、長政はこの世を去った。

その部屋が、この寺の客殿上段の間だったと伝わっている。

35 【あの羅城門も建っていた】千本通りは何が千本あったのか？

●かつての京都のメインストリート

京都には様々なユニークな名前の通りがある。中にはシンプル過ぎて気にも留めないが、一度疑問に思うと気になってしょうがなくなる通りがある。

例えば「千本通り」だ。いったい何が「千本」もあったのだろう？

千本通りとは、南北に延びる幹線道路のひとつで、北は鷹峯《たかがみね》の源光庵《げんこうあん》から、南は、途中途切れるが鳥羽街道と重なりながら、なんと伏見区の京阪淀駅近くまで伸びる、全長およそ17キロもある通りである。

京都の中心部からは少し西にあるので観光で通る事は少ないかも知れないが、二条城の少し西側、また、新選組で有名な壬生寺の辺りを南北に通ると言えば、だいたいの位置が把握でき

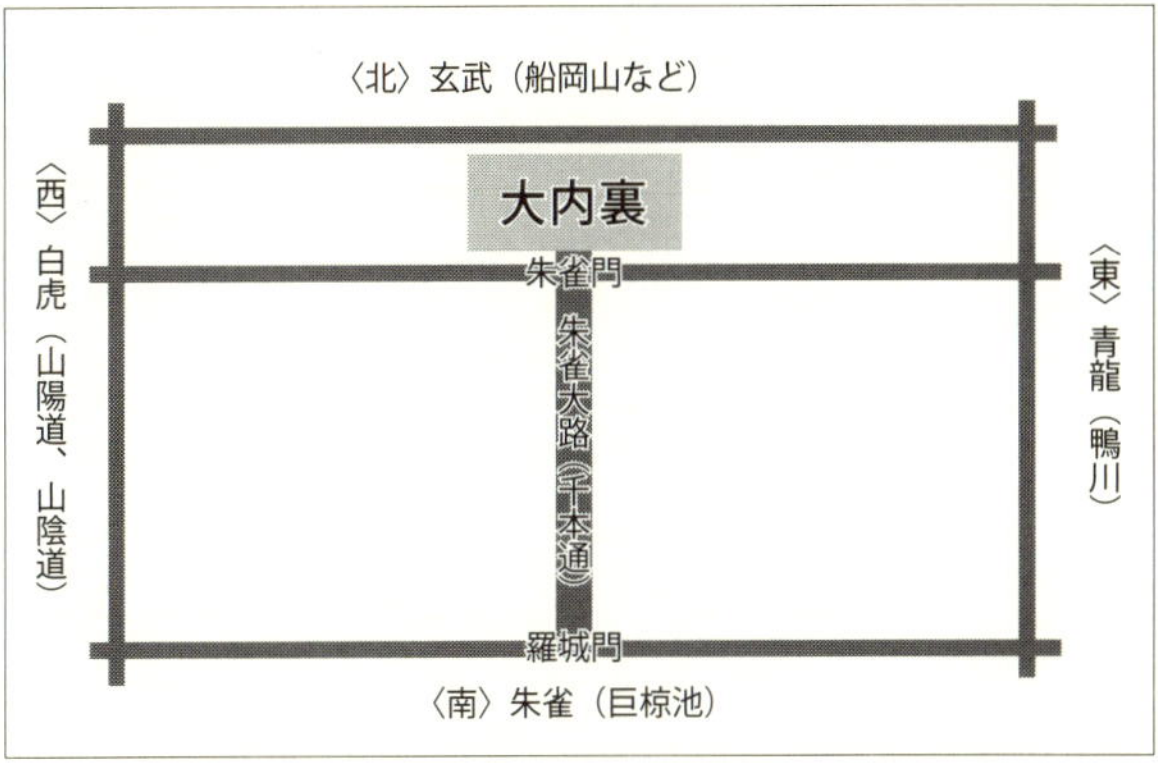

千本通りがメインストリートだった頃の平安京と四神相応の配置

るのではないだろうか。

現在は京都の南北のメインストリートというと烏丸通りだが、かつて、平安時代のメインストリートは、この千本通りだった。その頃の呼び名は「朱雀《すざく》大路《おおじ》」という。

朱雀大路の道幅は、なんと28丈（およそ85メートル）もあったというから驚きだ。また、延暦13（794）年に平安京が造営された時に作られたこの通りの南端には、芥川龍之介が小説『羅生門』の題材にした、あの「羅城門」が建っていた。そして北端にあった朱雀門跡は、現在のＪＲ二条駅近くであったことがわかっている。

「朱雀」というのは、中国の四神相応《しじんそうおう》の思想による方角を司る神様のことで、北は玄武、東は青龍、西は白虎、そして南が朱雀であった。大内裏《だいだいり》の南門を

現在の千本通り。メインストリートの面影は感じられない

守護するため、朱雀門と名付けられた。

この平安時代のメインストリートによって、都は西の右京と、東の左京に分けられていたのだ。

●朱雀大路から千本通りへ

朱雀大路の北端にあった朱雀門の北側には、天皇のお住まいや役所が建ち並んでいた。今でいう皇居と霞ヶ関のようなものだ。

そんな都の中心部を担う大通りであったが、西側の右京に湿地帯が多かったため、10世紀には、急速に廃れていき、中心部がどんどん東に移動してしまう。それに伴って朱雀大路が都の西の果てになっていったのだ。

そのうち、この通りは内裏があった所を貫いて南北に延びていった。この千本通りを北へ進むと、船岡山が見えてくる。

この山の西側は、かつて「蓮台野」とよばれる葬送の地であった。蓮台とは蓮華座ともいい、仏教徒が極楽に向かう際に使う乗り物のことである。今も、千本北大路の西南に「上品蓮台寺《じょうぼんれんだいじ》」という名のお寺があるが、聖徳太子が母の菩提を弔うために作られたというから、この地と葬送との関係性はかなり古くからあるものと考えてよいのだろう。

「都から、葬送の地へ死者が運び出される通り」としての印象が深くなった朱雀大路は、次第に名を変えていくことになる。今の名前となった由来には、北野天満宮の項でも紹介した菅原道真が関わっている。

天慶４（９４１）年、真言密教の僧で、修験者だった日蔵《にちぞう》上人。彼は修行中に息絶えてしまうのだが、あの世である光景を見た。それは、道真を左遷したことで地獄の苦しみに悩む醍醐天皇と、無念の死を遂げ、恨みで身を焦がす道真の姿だった。日蔵上人は醍醐天皇から、道真を無実の罪で左遷した後悔の念と、その供養がしたいことを伝えられ、蘇生した。彼は天皇を苦しみからお救いするために、また、道真の霊を慰めるため、船岡山辺りに千の卒塔婆を建てた、それが、「千本通り」という名前の由来になったという説があるのだ。

この他、「葬送の地に続く道に千本の卒塔婆が並んでいたから」という説もあるが、道真の怨霊伝説を差し引いたとしても、都の北の外れにある葬送の地へ続く一本の道に、数多の卒塔婆が立ち並ぶ光景は、それだけで、そうとう不気味だっただろう。

●閻魔大王に会える

千本通りには、さらに不気味なスポットが現在も残されている。それが、千本寺之内にある引接寺《いんじょうじ》、通称「千本ゑんま堂」だ。その名の通り、この寺には大きな閻魔大王の木像が安置されている。応仁の乱で初代が焼失した後、15世紀に作られたもので、高さは2・4メートルもある。筆者も目の前に座り拝ませてもらったことがあるが、あの大きな閻魔大王に見下ろされるだけで、後ろめたいことがなくても萎縮してしまった。

ゑんま堂をさらに北上すると、前述した「上品蓮台寺」がある。この寺は、葬送の地での墓守の役目も果たしてきたようだ。

「上品」とは「じょうぼん」と読み、仏教用語で極楽浄土に行く際に分けられる、一番高い位なのだ。死者は、閻魔様に生前の行いを裁かれ、上品、中品、下品に分けられる。さらに分けられると、さらにそれぞれ三分割され、9種類ある中で一番高い位が「上品上生」、最下位が「下品下生《げほんげしょう》」となる。最下位は、父母を殺めたり、これ以上はないというほどの悪行をした者に与えられるが、それでも阿弥陀様に願い続ければ救われるという。

●実は桜の名所？

葬送の地に建つ上品蓮台寺の境内には、見事な枝垂れ桜があり、春には、この重苦しい雰囲気を一掃してくれる。そういえば、「千本通り」は、「桜の木が千本あったから」という説もあるらしい。

今では、千本通りを歩いていても、桜の木が街路樹にはなっておらず「桜の通り」という印象は全くない。ただ地元の人々が愛する桜の名所は多い。上品蓮台寺のしだれ桜は勿論の事、千本ゑんま堂では「普賢象桜《ふげんぞうざくら》」というユニークな桜が見られる。淡いピンク色の八重桜で、華の中心部から緑色の葉が2本伸びて、それが、普賢菩薩が乗る象の牙のように見えることからその名がついた。

また、この桜は花が散るとき、花びらが一枚ずつバラバラにならず、まるで椿の花のように、花冠ごとポトリと落ちることから斬首を連想させる。そのため、この花を獄中にいる囚人に見せ、改心させようとしたとも言われている。

この他、千本今出川にある「千本釈迦堂」と呼ばれる大報恩寺でも、見事な桜に出逢える。本堂は応仁の乱をくぐり抜け、奇跡的に残ったもので洛中最古の木造建築（国宝に指定）と言われている。

境内にたたずむ大きな一本のしだれ桜は「阿亀《おかめ》桜」と呼ばれている。阿亀とは、この本堂を造営する際、大工の棟梁であった長井高次の妻・阿亀のことである。

高次は、本堂の建築中、うっかり本堂を支える四本の柱のうち、一本を短く切り落としてしまう。途方に暮れた夫に、妻の阿亀は「切ってしまったものは仕方ありません。短く揃えた上で、枡組を入れて高さを合わせればいかがですか？」とアドバイス。枡組とは、社寺建築などの構造を支える部材で、主に柱上にあって、深い軒を支える仕組みだ。

それが見事に成功し、本堂は無事完成。ところが阿亀は「妻の助けで完成したと言われれば、夫の恥になってしまう」と自害の道を選んだ、という哀しい物語が伝わっている。

洛中においては比較的遅めの春に咲く、優しい、薄紅色で見事な枝垂れ桜。これを眺めていると、哀しい最期を迎えた阿亀ではあるが、あの世では、これで良かったと心穏やかにいてくれるような気さえする。

千本通りは不気味なだけではなく、そんな名木もある通りでもあるのだ。

36

【都を襲った戦火の痕跡】

京都にもあった都市空襲

●戦禍のないイメージの京都

千年の都・京都は歴史上、幾度も戦禍をくぐり抜けてきた。

しかし他国からの攻撃、すなわち第二次世界大戦での都市空襲は免れたと考えている人が多い。「京都、奈良は文化財が多いから、米軍が爆弾を落とさなかった。だから貴重な史跡が残っているのだな」というわけである。しかし、これは〝神話〟であって事実ではない。

京都市内にも米軍の無差別爆撃はあったのだ。

戦争末期、米軍は、日本本土に住む民間人への無差別爆撃を急増させる。昭和20（1945）年3月10日の東京大空襲では死者が10万人以上、負傷者は11万人以上、100万人が家を失ったという。続いて起きた3月13日の大阪大空襲では、京都からも大阪の真っ赤な空が見えたという。

京都への空襲はそれに先駆けて行われていた。

同年1月16日夜11時ころに東山区馬町に落とされた爆弾、これが京都空襲の始まりだった。この時、41名の市民が命を落としている。地元の新聞には「京都も戦場なり」と大きな見出しが出た。

また、4月16日正午ころには、右京区太秦の三菱重工も爆撃を受け、死者2名を出している。そして、6月26日午前9時過ぎ、あの西陣織で有名な西陣エリアにも米軍の爆弾は落とされた。

京都では、馬町での空襲を知っている人は多いのだが、殊に6月に起こった西陣の空襲については、不思議なことに京都に住む人にもあまり知られていない。

●西陣を襲った空襲

6月26日朝、西陣の上空に米軍の飛行機B29が現れると、西陣に爆弾を投下していった。爆撃の範囲は、北は上長者町《かみちょうじゃまち》通から南は下立売《しもたちうり》通、東は大宮通から西は浄福寺通までの約400平方メートルの範囲で、落とされた爆弾は50キロ爆弾が5発とも7発ともいわれている。

西陣警察署（現・上京警察署）の記録によると、即死は43名、重軽傷者が66名、家屋の全壊が71戸、罹災者850名といわれているが、これは直後に市民が報告できた数であり、実際は一家丸ごと死亡したり、たまたま通りがかって被害に遭った人もいるため、本当はもっと多いといわれている。

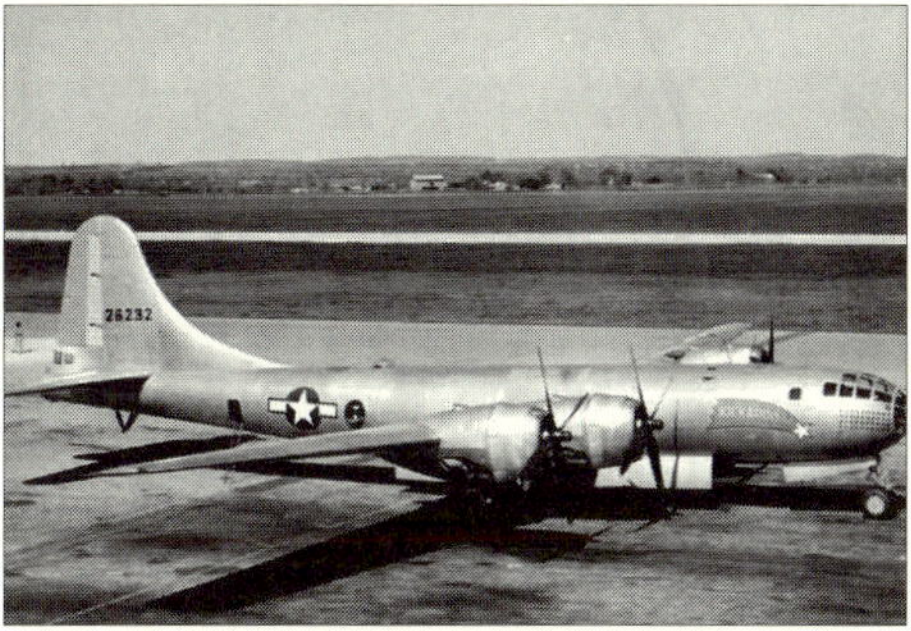

米軍はB29で京都への無差別空襲を行った

京都市内での空襲としては最も犠牲者が多かったにもかかわらず、なぜ西陣の空襲は市民に知られるところとならなかったのか。

それは、当時の報道管制によると思われる。当時を知る人に聞くと、翌日の新聞には「西陣地区に爆弾数発、被害僅少というくらいの報道だった」という。それでなくとも3月に東京、大阪に大空襲があり、民心の動揺を警戒した軍が厳しい情報統制を敷いたようだ。

当時、京都の軍需工場は、京都の西、桂川周辺に多く、また、軍事施設も南部の伏見にあった。なぜそちらを避けて西陣に爆弾を落としたのか謎だ。

ただ、当時を知る人は、福井方面に向かっていたB29が、

京都への無差別空襲で米軍が落とした焼夷弾の残骸

上賀茂、柊野辺りで急に南の方へ低く旋回していった、と話す。

そして、ものの5分もしないうちに地震のような地響きがして、土煙が上がったのが見えたという。それが西陣への爆撃だったのだ。

●銀杏の木に巻き付いた遺体

この西陣空襲で、50キロ爆弾が一軒おいて隣に落ちたという方に当時の話をうかがったことがある。

幸い、その方は空襲時、京都大学にいて無事だった。が、夕方帰宅したところ、路地を挟んで住宅が密集する地域なのに、角を曲がるといつもの風景はなく、突然目の前が開けていた。

つまり、辺り一面何もなくなっていたことを鮮明に記憶されていた。ご家族は幸い、頑丈に作られた防空壕のお陰で無事だったが、近所の知り合いの多くが亡くなったという。

西陣にある辰巳公園前に大きな銀杏の木がある。この木に、爆風で飛ばされた胴体が、地上2メートルほどの高さで巻き付いていたという。

お腹側ではなく、背中側から反り返って……。爆弾の威力を物語るものだ。

また、爆弾が落ちた前日は、毎月25日の北野天神の縁日があった。普段から天神さまを深く信仰していた、とあるご夫婦は、京都府北部の丹後に疎開していたのだが、ちょうど縁日のために西陣に戻っていた。丹後に戻ろうとした26日に爆撃に遭い、帰らぬ人となったという話も聞いた。

西陣空襲については京都市民も長らく記憶の外にあったようだが、空襲から60年の節目の年、平成17（2005）年6月26日、西陣で慰霊法要が執り行われ、8月15日には、この被害を後世に伝えるため、被災地域の辰巳公園内に犠牲者を悼む石碑が建立された。

37 実は原爆投下目標都市だった京都

【文化財があってもお構いなし】

●鉄道マニア垂涎のスポット

「ポーッ！」

モクモクと煙を吐いて汽笛を鳴らし、立ちのぼる蒸気の中、約15トンもある蒸気機関車（以下ＳＬ）の巨体がゆっくりとターンテーブルの上を回る。その様子を目の前で見ることができる場所が、ＪＲ京都駅から西1・5キロのところにある、「梅小路蒸気機関車館」だ。

ここは、ＳＬ専門の博物館で、本物のＳＬ17形式19両が展示保存され、そのうち7両は動態保存車両という、鉄道ファン、殊にＳＬ好きにはたまらないスポットなのだ。

あの「ＳＬやまぐち号」として活躍するＣ57形1号機や、「ＳＬ北びわこ号」のＣ56形160号機も、営業線での運転がない時は、ここで検査や修繕を受け、展示されている。

その他に実際に動くＳＬのうち、Ｃ62形、Ｃ61形、Ｄ51形、８６２０形は、館内展示運転線の往復１キロを約10分間にわたって客車をけん引する「ＳＬスチーム号」として子供から大人まで親しまれ、休日ともなると、多くの家族連れで賑わう。

扇状のターンテーブル。たしかに上空からも標的にし易い

２０１５年８月30日には閉館する予定だが、翌年春には「京都鉄道博物館」にリニューアルオープンする運びだ。

ここは元々、機関車庫として造られた。その姿が扇を開いた形に見えることから「扇《せん》状車庫」と呼ばれる車庫は、大正３（１９１４）年、二代目京都駅を設計した渡辺節《せつ》によって造られた。現存する最古の鉄筋コンクリート造りの扇状車庫として、平成16（２００４）年に、国の重要文化財にも指定されている。

まさか、昭和20（１９４５）年、戦争末期に、このターンテーブルが米軍の原爆投下の目標になっていたとは誰も思わないだろう。

●目標はターンテーブル！

昭和20（1945）年に入り、3月には東京、大阪という大都市での米軍による無差別爆撃があった。その後も日本各地に空襲は続き、主な都市では5月には横浜が、6月には日立、千葉、浜松、四日市、福岡、姫路、呉などにも爆弾は落とされ、多くの市民が犠牲になった。しかし、なかなか降伏しない日本に対し、米国は、ついに最終兵器・原子爆弾の投入を決断。

米国にとって原爆投下の主要な目的が、「戦争終結を早めることであった」という人もいるが、実際、原爆投下目標地は、もっと以前から探し始めていたことが、最近の研究で分かっている。従って、真の目的は戦争を早く終わらせるためとは一概には言えない。

米国にとって、最新兵器である原爆の破壊力を正確に知ることは、戦後の世界戦略において極めて重要だった。原子爆弾については、砂漠で実験はしていたものの、人間が生きている都市でどのような威力を示すのかは、実際に落としてみなければ分からなかった。広島、長崎に別タイプの原爆が落とされたことも、落とした理由が「戦争の早期終結」というより、「実験」であったことの証ともいわれている。

そこで米軍は、原子爆弾そのものの破壊力を知るために、これまでに通常爆弾や焼夷弾などによって破壊されていない大都市を投下目標選定の第一条件とした。候補地として挙げられたのが、新潟、広島、小倉、横浜、そして京都だった。

中でも京都は周囲を山が取り囲む盆地で、原爆が巻き起こす爆風の効果が分かりやすい地形と見なされ、その意味で、広島と同様に理想的な場所と認識されていたという。また当時の京都は全国第４位の人口を誇る１００万人都市で、人体や街への影響を試すのにも最適とされたようだ。

原爆投下の際、当時の米軍は、少しでも精度を上げるために、最終的には目で確認して爆弾を投下していたという。その際、この扇形車庫が東海道本線と山陰本線の分岐点にあって空から見付け易く、転車台も絶好の目標物だったのだ。

●つくられたウォーナー伝説

しかし、最終的に京都に原爆は落とされなかった。それはなぜか？

「京都には貴重な文化財がたくさんあるので米国が配慮してくれたから」とか、「美術史家のラングドン・ウォーナー博士が〝空爆すべきではない地名リスト（いわゆるウォーナーリスト）〟を米政府に提出してくれたからだ」といった説を信じている日本人が現在に至っても多くいるが、近年は研究が進み、違う側面が見えて来ている。

実はウォーナー氏が作成したリストは、ドイツや日本などの枢軸国が占領した地域の文化財を返還させ、もし破壊などによって実物が存在しない場合、その損害に見合う等価値の文化財を挙げたものであった。

リストには15の城が掲載されているが、うち8つの城が戦火で焼失しているし、逆にリストになかった彦根城、富山城、丸岡城などの名城は無事であった。

米国が京都に原爆を落とすのをやめた理由としては、落とした場合の日本国民が米国に抱く感情を恐れたともいわれている。反米意識が高まり、逆にソ連（現ロシア）寄りになることを恐れたのだ。こうして京都は、一旦は原爆投下の目標地から外れたものの、米国は最終手段として、最後の最後まで無傷の京都を温存していた。

その内に、日本は8月15日の終戦の日を迎えたのだった。

38 【あの世とこの世の境界？】タクシー怪談発祥の地 深泥池

●運転手は見た？

京都有数の心霊スポットであり、幽霊の目撃情報が絶えないと言われている場所がある。洛北は上賀茂辺りにある深泥池だ。名前からして何とも不気味ではないか。

実は、かの有名な平安時代の歌人・和泉式部も「名を聞けば　影だにみえじみどろ池に　すむ水鳥の　あるぞ怪しき」と詠んでおり、この池が平安の昔から、なんとも不思議な場所として知られていたことがうかがえる。

地下鉄の北山駅から北へ徒歩10分ほど行ったところに広がる湿地帯、その中心が深泥池だ。池の背後には山があり、洛中から貴船・鞍馬方面へ行く鞍馬街道の分岐点でもあったこの池は、地形的にも「あの世とこの世の境界」とも考えられていたようだ。

大きさは、周囲が約1・5キロ、広さは約9ヘクタール。池の中心部には、ミズゴケなどの水生植物でできた浮島があるのだが、それが実に池の面積の3分の1も占めていて、不気味な雰囲気を醸し出している。

平安の昔から気味の悪い場所とされていた深泥池は、現代でも色々な話が伝わっている。その最たる物が、「雨の降る夜に、池の脇でタクシーが若い女性を乗せると、いつの間にかその姿は消え、車のシートだけが水浸しになっていた」というお話。

この池は、そんな「タクシー怪談」の発祥の地とも言われているのだ。

●名前の変遷

京都市内には多くの難読・難解地名があるが、この「深泥池」もそのひとつで、「みぞろがいけ」または「みどろがいけ」と読む。一般的に、池そのものを指す時、地元では「みどろ」、地名として読む時には「みぞろ」と分けているようだ。

池の名前通り、この池の底には泥が数メートルにわたって堆積している。水浅きも泥深き池なのだ。この池の表記の仕方は、古くはいくつもあったようだ。

池の名前自体は、平安初期から確認されているが菅原道真によって編纂された『類聚国史《るいじゅこくし》』

深泥池。怪談が絶えず、新聞で取り上げられたこともあるという

の中には「泥濘池」（泥が滞った池）と記されたり、平安中期から後期にかけては、『小右記《しょうゆうき》』には「美度呂池」、『親長卿記《ちかながきょうき》』には「美曽呂池」とそれぞれ記されている。

平安末期には、後白河法皇によって編纂された『梁塵秘抄』に、「いずれか貴船へ参る道、賀茂川・箕里・御菩薩池」とうたわれていて、ここでは「御菩薩池」と書いて「みぞろいけ」と読まれている。

このころから、池は「京の六地蔵巡り」の一か所となり、菩薩信仰の霊地としてあがめられてきた。どうやっても「みぞろ」とは読めそうにないが、菩薩様という仏教と結びついた名前を持つようになった理由として、奈良時代の僧・行基がこの地で祈祷を行う儀式をした時に、池の上に菩薩様が現れたというありがたい伝説が関わっていると思われる。

また、京都の焼き物といえば、清水焼が思い浮かぶだろうが、「御菩薩焼《みぞろやき》」という焼き物も存在したという。一説には野々村仁清《にんせい》が、池の畔に窯を開いたとも伝わっている。

●自然の宝庫・深泥池

魔境のように扱われがちな深泥池だが、近年は、自然の宝庫としての側面が注目されている。西日本の平坦地では珍しい浮島は、夏には浮かび上り、冬は沈んで冠水することが分かっている。また、水温や水質の関係で有機物の分解が遅く、植物の遺体が分解されずに堆積、その上にミズゴケや種々の植物が生育し、独特の生態系が確認されてもいる。

さらに、氷河期からの生き残りとされる生物が今も生き続けていたり、多くの水生植物・昆虫・魚類・野鳥等も共存していることなどから、深泥池は、国の天然記念物に指定されている。

この他、日本で初めてミズグモが発見されたり、日本に分布する約200種のトンボのうち、約50種が生息しているなど、学術的にも注目度が高いスポットでもあるのだ。

タクシー運転手は今も通るのを避けたがるそうだが、4月にはミツガシワ、5月にはカキツバタ、アヤメ、トキソウ、9月はサワギキョウの花も咲くという。

ぜひ、京都観光で訪れてみてほしい。

39

【サッカーの神様として有名だが……】

皇室が最も恐れた怨霊とは？

●サッカーの神様？

京都には色んな神様がいて、御利益も神社ごとに様々だ。リストラ除け、出世のお願い、腰痛の神様……かなり細分化されている。

例えば病気を治すにも様々だ。頭痛封じは三十三間堂、ガン封じは因幡薬師、猿丸神社など。折上稲荷神社では三大病封じのお守りもある。今熊野観音寺では、後白河法皇が頭痛を治した話から頭痛封じ、ぼけ封じの枕カバーが人気。

そんな中、近年「サッカーの神様」として特に若者に人気のある神社がある。上京区今出川堀川にある白峯神宮だ。平成14（2002）年、日韓共同開催だったサッカーワールドカップの頃から、そんな名前で呼ぶ人が増えたようだ。人気Jリーガーもここを訪れてサインを残している。また、日本代表の試合がある時には、祈祷が行われたり、試合前の寄せ書きも行うなど神社側も「サッカー」の神様と呼ばれることを肯定しているようだ。

実際にはサッカーだけでなく「球技全般」の上達を祈願できるので、修学旅行などで訪れる生徒たちは、色んな球技の部活動での上達祈願などをしているようだ。

しかし、ご本殿で無邪気に手を合わせる子供たちを見ていて、私はふと、こんな事を考えてしまう。

「あの子たちは、この神社のご祭神がどんな方だか知っているのだろうか？」

この場所は、もともと蹴鞠《けまり》の宗家であった飛鳥井《あすかい》家があったため、境内に蹴鞠大明神は祀られている。しかし、ご本殿で祀られているのは、なんと〝日本史上最強の怨霊〟と言われ、長年にわたり皇室が畏れてきた崇徳《すとく》上皇だ。彼は一体どんな人物だったのだろうか。

●崇徳上皇の複雑な生い立ち

崇徳上皇が、「最強の怨霊」になったいきさつ。それをたどるには、彼の誕生の秘密とともに、彼の父・鳥羽天皇の身に起きた不幸な出来事も知っておかねばならない。

崇徳天皇は、元永２（１１１９）年、鳥羽天皇の第一皇子として生まれた。母は美貌で知ら

蹴鞠の練習。「アリ」「ヤア」「オウ」などの掛け声は神の名にちなむという

れた藤原璋子《たまこ》。ところが、崇徳天皇は、実は鳥羽天皇の実子ではなかった。

なんと、鳥羽天皇は祖父である白河法皇に妻である璋子を寝取られており、その不義の末に生まれたのが崇徳だったのだ。璋子の夫であった鳥羽天皇からすれば、とんでもない屈辱であった。

そんな崇徳天皇は、父から「叔父子」と呼ばれて育った。なぜなら「祖父の息子、つまり自分（鳥羽）からみて叔父」なのに「我が子」だからだ。

●やられたらやり返す！

この時代は白河法皇が強力な院政を敷いていたため、孫である鳥羽天皇は法皇の一声で、わずか5歳だった崇徳に譲位させられ、権力を弱められるなど散々であった。

が、やがて白河法皇が崩御すると、「やっと自分の時代が来た」とばかりに、自らも院政を敷き、復讐を始める。

「自分はもう引退するので、次はお前が院政を敷けばよい」と崇徳天皇に譲位をすすめた鳥羽上皇。しかし、これは陰謀であった。崇徳が譲位を決意した途端、鳥羽上皇は引退を撤回。その結果、崇徳上皇は院政もできず、天皇にも戻れず、宙に浮いてしまったのだ。

崇徳上皇が位を譲ったのは、腹違いの弟・近衛天皇。しばらく、鳥羽上皇の院政は続き、崇徳上皇は辛酸をなめる。しかし、近衛天皇は早世し、崇徳としては、今度こそ、自分の息子である重仁親王が天皇になり自分が本格的に院政を振るえるのではないかと期待するのだが、またしても鳥羽上皇の実子である、後白河に皇位が継承されたのであった。

「なぜ、自分はそこまで父・鳥羽上皇に疎まれるのか……自分の行いのせいではないのに……」理不尽過ぎる現実に心がむしばまれていく崇徳上皇。

やがて、その鳥羽上皇も崩御すると、これまでの不満が爆発したかのように、崇徳上皇は、後白河天皇と皇位を争い、対峙することになる。それが、保元元（1156）年に起こった保元の乱であった。

後白河陣営には、源義朝と平清盛という有力な武士がつき、崇徳方は敗北。上皇は讃岐の国

（香川県）に流され、失意の日々を送ることとなった。

そんな中、崇徳上皇は大乗経を写経して京の都に送った。都を想ってやまない我が身は戻れずとも、せめて写経だけでも京の寺に納めて欲しいと。しかし、朝廷はそんな願いをも突き返してきた。

●日本国大魔縁となりて

余りにも冷たい仕打ちに崇徳上皇は怒りに震え、自らの舌を噛み、流れた血で「日本国の大魔縁となり、皇を取って民とし、民を取って皇とならん」、つまり「今は天皇の御代だが、それを単なる民に引きずり下ろし、天皇の臣下に過ぎなかった民をこの国の支配者にしてやる」と皇室への強い恨みを書きとめたという。

自らのルーツをも脅かすこの強烈な呪いを魔道に捧げた崇徳上皇は、爪も髪も切らず、生きながら天狗のような恐ろしい姿となって憤死した。亡骸は香川県の白峰山頂に運ばれ、茶毘に付された。その煙は遠く、京の都の方へたなびいたという。埋葬時には、空は突然曇り激しい雷雨となり、柩からはおびただしい血が流れ出たという。

上皇の死後、京都では二度も大火が続いた。また、後白河上皇の皇子・二条天皇も23歳の若さで崩御するなど不幸が続き、また、天皇をもしのぐ平清盛の権勢も、「崇徳上皇のたたりではないか」と人々は噂したという。

●明治帝も畏れた

その後はご存知の通り、鎌倉時代からは武家政権が続き、天皇（皇室）は実質的な権力を抑えられてきたが、幕末にその力関係は逆転する。

慶応2（1866）年、孝明天皇は、讃岐国に祀られている崇徳上皇の御霊《みたま》を京に迎え入れようとする。しかし、その年の12月25日、孝明天皇は崩御し実現はしなかった。

翌慶応3（1867）年1月に睦仁親王が皇位を継承し、16歳で明治天皇となった。

しかし、その年の10月には大政奉還が行われるなど、国事多難を理由に、即位を内外に示す最高の皇室儀礼「即位の礼」はずっと延び延びになっていた。ようやく明治元（1868）年8月27日、明治天皇は紫宸殿において「即位の礼」を執り行った。

しかし、そんな大切な日の前日に、明治天皇は大きなミッションを遂行していた。それは、先の孝明天皇の遺志を継いで讃岐の国から崇徳上皇の御霊を京に移し、御霊を祀《まつ》ることであった。それが、この「白峯神宮」なのだ。

讃岐の地へは勅使が遣わされ、墓前では明治天皇の宣命が読み上げられた。要約すると、「保元の乱後、讃岐の地で配流され、無念の内にお亡くなりになったのは、なんとも悲しいことでした。あなた様のために京都に新しく神社をつくりましたので、どうかこれまでの怨念をお捨てになり、京へお戻り下さい、そして、皇室をお守り下さい」というものであった。

この700年もの間、ずっと崇徳上皇の恨みにおびえながら、なんとかその御霊を鎮めたいという想いが代々受け継がれてきたことは想像に難くない。ちなみに崇徳上皇の御霊を京都に迎えた8月26日は、上皇の命日であった。

●なぜこんな恐ろしい神様にお願いするの？

こうして明治元年創建という、京都では比較的新しい神社である白峯神宮は、崇徳上皇をお祀りする神社としてスタートした。なのに近年はサッカーの神様かのように誤解されがちだ。

それにしても、なぜこんな恐ろしいご祭神に皆、参拝するのだろうか。

それは、崇徳上皇の強烈な一念にあやかろうという気持ちからだろう。怨念のパワーが最大級ということは、ご利益も最大級かもしれない。

その点ではある意味、ここが京都一のパワースポットだと言えるだろう。

おわりに

子供のころ、三条大橋を渡る度に、父がこんなことを言っていた。

「三条河原なんかに、よう（よく）みんな座らはるなぁ…。ここはその昔、処刑場で、さらし首が並んでたんや。橋は人の往来があるから見せしめになったんや」と。

この言葉が強烈だったのか、私はいまだに鴨川べりに座れないでいる。

そして、日本中、いや世界中のどんな街を歩いても、つい「昔ここには何があったんだろう?」と考える癖がついてしまった。また、私は昔から、物事の隠れた部分に興味を持つ質で、例えば葵祭だと、華やかな行列よりも、「皆が身につけている葵の葉っぱは、誰がどうやって集めるのだろう?」ということの方が気になった。

おこがましいとは思いながらも、そういう知られざる部分に光を当てることが自分の役割かも知れないと、約10年、京都情報番組や歴史番組を制作してきた。その生き方に惹かれて番組を作った浅井三姉妹は、のちに大河ドラマの主人公となり感慨深かった。

今回の本のお話は、「京都の影の部分をもっと知れば京都歩きはもっと面白くなるのに！」という前々からの想いを形に出来ると大変有難かった。

光があれば、影がある。影を知ることで、そのものがより立体的に見えてくる。「観光」とは「光を観ること」といわれるが、実は「影」の部分を観ることで、旅は一層面白いものになる。知られざる部分を知ることで、皆さんの京都歩きがより立体的に、奥深いものになると幸いです。

この本を手にとって下さった読者の皆様、どうも有難うございました。

また、初めての出版で、右も左も分からない私を優しく丁寧に導いて下さった彩図社の吉本竜太郎さんに心から感謝申し上げます。

今回、彩図社さんとのご縁を結んで下さった作家の夏池優一さんにも心から感謝の気持ちをお伝え致します。

最後に、どこにいてもずっと私を応援していてくれる大切な人、私の背中をいつも押し、協力し、温かく見守ってくれる周りの人に、心から感謝の気持ちをお伝えします。

平成27年　皐月　倉松知さと

主要参考文献

黒田正子『京都の不思議』光村推古書院
京都の謎を歩く会『京都ふしぎ散歩』大和書房
ロム・インターナショナル〔編〕『京都の隠れ名所を歩く地図』河出書房新社
小松和彦『誰も知らなかった京都聖地案内』光文社
森谷尅久『京都「地理・地名・地図」の謎』実業之日本社
川端洋之『京都歩きの愉しみ　歴史の舞台はここだ!』淡交社
小松和彦『神になった人びと』淡交社
山本博文『これが本当の「忠臣蔵」赤穂浪士討ち入り事件の真相』小学館
川崎桃太『フロイスの見た戦国日本』中央公論新社
柘植久慶『戦乱の都・京都　日本の歴史はここで動いた』PHP研究所
河内将芳『信長が見た戦国京都　城塞に囲まれた異貌の都』洋泉社
小松和彦『京都魔界案内　出かけよう、「発見の旅」へ』光文社
五島邦治『読む・知る・愉しむ　京都の歴史がわかる事典』日本実業出版社
蔵田敏明『京都・魔界への招待』淡交社
杉野栄『もう1つの京都　京のキリシタン史跡を巡る』三学出版
佐々木昇『京の寺　不思議見聞録』光村推古書院
津田三郎『京都戦国武将の寺をゆく』サンライズ出版
京都高等学校社会科研究会『京都に強くなる75章』クリエイツかもがわ
蔵田敏明『時代別・京都Ⅱ　歴史上の人物21人を歩く』山と渓谷社

入江敦彦『怖いこわい京都』新潮社
入江敦彦『秘密の京都』新潮社
高野澄ほか『人物別史跡ガイド　京都百人歴史散歩』世界文化社
菊池 昌治・か舎『京都の魔界をゆく——絵解き案内』小学館
日本史広辞典編集委員会『日本史広辞典』山川出版社
太田牛一原著、榊山潤訳『信長公記』教育社
『京都お守り手帖』光村推古書院
松田毅一・川崎桃太『完訳フロイス日本史Ⅱ　織田信長篇Ⅱ』中央公論新社
『大日本史料』東京大学史料編纂所
高柳光寿・斎木一馬『寛政重修諸家譜』続群書類従完成会
山本博文『天下人の一級史料　秀吉文書の真実』柏書房
伊藤之雄『近代京都の改造』ミネルヴァ書房
杉田博明『近代京都を生きた人々　明治人物誌』京都書院
青山霞村『改訂増補　山本覚馬傳』社会福祉法人京都ライトハウス

参考ＨＰ

清水寺「よだん堂」　http://www.kiyomizudera.or.jp/yodan/
貴船神社　http://kifunejinja.jp/
京都観光オフィシャルサイト　http://kanko.city.kyoto.lg.jp/

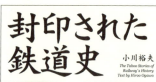

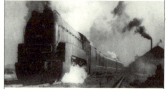

著者略歴

倉松　知さと（くらまつ・ちさと）
フリーライター、日本旅行作家協会会員。
NHKで京都情報番組のキャスターを務めた後、『プロジェクトX』、『NHKスペシャル』リサーチャー、『その時歴史が動いた』リサーチャー、ディレクターを経て、京都の民放にてポッドキャスト番組『Podcasting京都』の企画、取材、構成、キャスター、連動ＨＰ『京都きらめき紀行』の執筆、写真を担当。リスナー数はのべ10万人を超え、ニフティランキングで殿堂入りを果たした。
近年は、京都、歴史ライターとして雑誌『歴史人』（ＫＫベストセラーズ）、『関西ウォーカー』（角川マガジンズ）、『バンクビジネス』（近代セールス社）、『男の隠れ家』（三栄書房）、学研教育出版『歴史感動物語』、ＪＲ西日本観光パンフレット『京都散策』などで執筆。DeNAが運営する『ガイドブックス京都』の看板ライターも務める。また京都、歴史案内役としてテレビ、ラジオ、大阪城天守閣復興80周年トークイベントなどにも出演。趣味は歴史散歩と美味しいもの巡り。若干鉄分多め。

本当は怖い京都の話

平成27年5月7日　第1刷

著　者　倉松知さと

発行人　山田有司

発行所　株式会社彩図社
東京都豊島区南大塚3-24-4ＭＴビル
郵便番号170-0005
電話03-5985-8213　FAX03-5985-8224

ＵＲＬ：http://www.saiz.co.jp/
http://www.saiz.co.jp/k（携帯サイト→）

印刷所　新灯印刷株式会社

　ISBN978-4-8013-0067-5 C0195

本書は、2013年12月に小社より刊行された単行本を加筆修正の上、文庫化したものです。